「段取りが良い人」と「段取りが悪い人」の習慣

ミスばかりで怒られていた私が
正確にテキパキできるようになった理由

鈴木真理子
Suzuki Mariko

はじめに

いくらがんばっても仕事が終わらない。

「早帰りしましょう」と言われたってムリ！

この先もずーっと忙しく働き続けなきゃいけないのかな……。


そんな悩みや不安を抱えている人はいませんか？

それって自分のことかも、と思ったあなた。どうか諦めないでください。「段取り力」を身につければ、仕事は劇的にうまくいきます！


何を隠そう、若手社員の頃の私は段取りが苦手でした。そのせいで毎日仕事に追われ、なかなか成果を出すことができませんでした。

仕事が特別好きでもなかったので「早くアフター6にならないかなぁ」とよく考えていましたが、結局残業して趣味や遊びの時間がなくなっていました。

でも、それをどうしたら解決できるのか、さっぱりわからなかったのです。

32歳で保険会社を退職するまでは、平々凡々とした生活を送っていた私ですが、38歳のときに起業すると状況は一変しました。成果を出さないと会社は倒産してしまうのに、かつてマネジメントしてくれた上司や、困ったら助けてくれた先輩たちはもういない。たった一人で、時間が限られている中、何をするのかをとことん追求するようになったのです。これが段取りのスタートでした。

学歴もキャリアも資格も何ら輝かしいものは持ち合わせていない私ですが、今では優秀なビジネスパーソンの皆さんに研修やセミナーをしたり、ビジネス書を出版して読んでいただけるようになりました。ですから20代の頃よりも、毎日はるかに楽しく仕事をしています。信じられないくらい嬉しい出来事も次々と起きるので、仕事を辛いとか、やめたいと思うことはなくなりました。

こんな幸せを手にできたのは、「段取り力」を高めたおかげです。

幸い「段取り力」は生まれつきのものではありません。どなたでも、いくらでも高めることができます。ただ、パソコンスキルなどを断片的に高めるだけでは身につかないので、本書では優先順位とスケジュール管理の2つを土台にして、定型業務と日常生活のヒントまで学べるようにしています。

何よりあなたの仕事のやり方を根本から見直すキッカケにしていただきたいので、ぜひ最後までおつき合いください。

なお、本書では主に企業にお勤めの方に向けて「社員」や「会社」という表現を使っていますが、読者の皆さんの中には公務員をはじめ、さまざまな組織に属されている方、自営業やフリーランスの方、もしかしたら学生の方もいらっしゃるかもしれません。その場合は、どうかご自分の立場に置き換えて読んでいただければ幸いです。

それでは段取り上手になる旅へご案内します。一緒に出発しましょう。

鈴木　真理子

○もくじ「段取りが良い人」と「段取りが悪い人」の習慣

第2章 優先順位編

第3章 スケジュール管理編

第4章 コミュニケーション編

第5章 ▼▼▼ 効率UP編

第6章 改善・見直し編

第7章 ▼▼▼ これからの働き方編

◎カバーデザイン OAK（浜田成実）

第1章

仕事の進め方の基本 編

01

段取りが良い人は全体をとらえ、段取りが悪い人は部分だけをとらえる。

段取りを良くするために、ぜひ押さえてほしいことがあります。それは、物事は全体をとらえてから部分を見るということです。

段取りが悪い人は、部分だけをとらえる傾向にあります。だから、「その仕事で求められていること」や「仕事のゴール」を考えたり、スケジュールを納期から逆算して立てたりするのが苦手です。また、周りが見えなくなって、時間を忘れて没頭してしまうこともあります。

過去の私がまさにそうでした。

30歳くらいまでの口癖は「忙しい、ああ忙しい」で、職場で自分が一番忙しいんだと本気で思い込んでいました。ですから、なんとか仕事を終わらせようとして、ひたすら自分の担当業務ばかり取り組んでいたのです。

とくに担当者が決まっていない電話応対や来客応対はやりたくなくて、ほかの誰かがやればいいのにと思ったこともあります。

また、思いがけない出来事、例えば失敗したりクレームがあったりすると、頭が真っ白になってしまい、仕事が手につかないこともありました。しかも入社2年目くらいまでは、仕事がうまくいかないと、な、なんと職場で泣いてしまう問題社員だったのです。同僚の皆さんにはさんざんご迷惑をおかけしました。

おっと失礼、懺悔するためにこの本を書くのではありません。当時の私は、要するに視野が狭かったわけです。仕事はチームでするのに自分のことしか考えられなかったですし、電話応対や来客応対はお客様との大事な接点だということを理解できませんでした。

「木を見て森を見ず」という言葉があります。これは、物事の一部分や細かい部分にこだわり、大きく全体や本質をつかめないことのたとえです。**仕事は全体をとらえることが大切で、優先順位をつけるとき、スケジュールを決めるとき、チームで目標を達成すると**

きなどは、一部分だけを見ていてもうまくいきません。

マネジメントの神様と言われるドラッカーは、**「どんなにすぐれた部分最適も全体最適には叶わない」と言っています。**物事は部分でとらえると、判断を見誤ることがあるのです。例えば今日やることをリストアップするのは良い習慣ですが、それらのタスクが売り上げや利益に結びつかなければ、組織への貢献度は低くなってしまいます。もしかしたら、やらなくてもいいことやムダが含まれていませんか？

また、残業が多いからといって後輩社員に仕事を振ると、自分はラクになるかもしれませんが、相手の仕事量は増えるのでチームの解決にはなりません。

本当に必要な仕事なのかを考えることで、省けることや簡略化する方法が見つかるかもしれません。そうやってみんなが早帰りできる方法を考えるのが、段取り上手な人なのです。

あなたも全体から部分へ考える習慣を身につけましょう。そうすると**仕事が整理されるだけでなく、メンタルが強くなるなど、良いことが起こります。**「失敗しても長い目で見れば良い学びになった」とか、フリーランスや自営業の方なら、仕事や報酬が少ないときでも、「良いときもあれば悪いときもあるさ」と気持ちを切り替えられるようになるのです。反省するのは大切なことですが、ズルズル引きずってしまい眠れなくなったり、心を病んで休職することになっては困ります。スポーツ選手のようにビジネスパーソンも心・技・体をバランス良く伸ばしましょう。

時間がなくて慌てると、つい部分だけを見てしまいがちなので、忙しいときこそ一呼吸おいて全体をとらえる習慣を身につけてください。そうやって何事も視野を広げましょう。もし、目の前にある仕事で手一杯なら、それらを次々とやっつけるのではなく、職場全体や業務全般に目を向けてから、「自分に期待されるのはどんなことなのか」「本当にやるべきことは何なのか」をいまいちど考えてみてください。

01 段取りが良い人は、仕事の全体像を把握して判断する！

02 段取りが良い人はすぐやらず、段取りが悪い人はすぐやる。

「仕事はすぐにやるべきでは？」と思われるかもしれませんが、すぐやる人は段取りが悪い可能性が高いです。いきなり着手すると、うまくいかないことが多々あるのです。

何を隠そう、20代の私はすぐやる人でした。

仕事で一番大切なのはスピードだと決め込んでいて、早くやらなくちゃ、といつも自分を急《せ》かしていたのです。オフィスではいつも動き回っていて、席を立ったり座ったりする回数が人より多かったようにも感じます。

人と話すときは卓球のラリーのようにテンポの良いトークを心がけ、沈黙しないようにしていました。お客様から質問を受けたときは、すぐにその場で答えるのがモットー。上司から指示があれば、ほかの仕事を中断してさっさと取りかかる。スピード感がある仕事ぶりって、なんてすばらしいのでしょうと自負していたのです。

でも、結果は思うようについてきませんでした。むしろ数多くの失敗をやらかしたのです。ある日の朝は、日付印の日付を直さないまま、何十通もの書類にバンバンと押し続けていました。またあるときは、お客様の質問に即答しようとするあまり、ちゃんと調べないまま誤ったことを伝えてしまいました。

当時は段取りという言葉を使うことなく、計画を立てる習慣もありませんでした。モタモタしないで、とにかく早く仕事を片づけようと機械のごとくやるだけです。バッティングセンターでバットを構えて、「さあ来い」とボールを待ち、ボールが来たら、とにかくバットを振る感じです。空振りしようが、一向に打てなかろうが結果はお構いなし。

仕事で言えば手を動かして作業し、口を動かして話し、足を使って移動するの繰り返しで、肝心の思考が停止していたわけです。

当時、不思議に思っていたことがあります。それは、職場でゆっくりと仕事をしている人たちの評価が高いことでした。

今思えば、彼らは決してのろいわけでなく、ましてやサボっているわけでもなく、自分の頭でとことん考えていました。仕事をすぐやらないのは、段取りをととのえるためだったのです。

段取りは目に見えないので、何をしているかわかりにくいですが、仕事ができる人は取りかかる前に計画を立てます。いきなり着手せず、どうしたら最短最速で相手を満足させられるかを考えてから、最後に手段を選びます。

彼らはそうやって、いつ、いかなるときも頭を使って仕事をするのです。

「急いてはことを仕損じる」という言葉があるように、**どんなに優秀な人でも、急ぐと平常心を失って正しい判断ができなくなり、失敗の確率が高まってしまいます。**

心の問題ばかりではありません。スピード第一になると、品質やお客様満足度が二の次になるリスクもあるでしょう。

ですから段取りの良い人は、あえてすぐにやらないのです。ようやく準備万端とととのってから指さし確認するかのごとく、**「優先順位よーし、スケジュールよーし」と、ひとつひとつ確認しながら落ち着いて仕事をします。**

また、彼らは日頃から慎重に物事を進めます。言葉を選びながら話し、何事もミスや失敗のないように対策を練ります。だから上司やお客様は安心して仕事を任せられるのです。

02 段取りが良い人は、作戦を立ててから取りかかる！

段取りが良い人が、すぐに仕事をやらない理由がわかりましたね。

17世紀フランスの思想家、パスカルは著書『パンセ』にこう書きました。「人間は一本の葦《あし》であり、自然のうちで最も弱いものにすぎない。しかし、それは考える葦である」。人は葦の草のように自然界で弱い存在だけれど、思考できるので偉大だということです。

せっかく頭があるのに、それを使わずに仕事をするなんてもったいないことです。

とくにパソコンやスマホに手を伸ばしやすい方は要注意。操作する手をいったん止めて、まずは段取りを考えましょう。

03 段取りが良い人は80点主義、段取りが悪い人は100点を狙う。

段取りが良いと100点満点の仕事ができて、段取りが悪いと80点の仕事しかできないはず。見出しが間違っているぞと思ったあなた。いいえ、正しいんです。どうか80点主義になってください。

完璧主義の人は、要求よりも高い結果を出したがる傾向にあります。でも、何もかも完璧にやろうとすると、時間がいくらあっても足りません。もちろん、すべての仕事を80点にせよ、と言っているのではありません。**100点にする仕事と80点でいい仕事があるので、メリハリをつけることが大切です。**

とくに一人で行う定型業務は、何をもって終わりにするのかが曖昧です。

例えば書類作り。資料をパワーポイントで作ると、デザインに凝りたくなってフォントや色をあーでもない、こーでもないと修正し続けることがありませんか？　センスが問われるならともかく、社内の書類作りに時間をかけすぎるのはもったいないことです。

また、電話を受けたときに書く伝言メモ。電話を切ったあとに、下書きしたメモを見ながら丁寧に清書し直すと時間が倍かかってしまいます。読む人のためにキレイに書きたい気持ちはわかりますが、電話に出ながらメモを同時に書き、そのまま相手に渡せば時間を短縮できますね。

このように**定型業務は自分で折り合いをつけないと終わりなき作業となり、時間を奪われてしまうので注意してください。**80点でいい仕事は、ほかにもたくさんあります。

私は学校を卒業してから保険会社に入り、約10年間一般職として内勤で事務をしました。在職中は3回の異動を経験し、人事部では新入社員研修の担当になりました。研修を終えたあとは、やれやれと思いながらも報告書を上司に提出しなければなりません。立派な報告書を作ろうとした私は、7ページにわたる文章を書き、何度も推敲《すいこう》を重ねました。何日も報告書作りに精を出し、上司に提出したのは研修最終日から1週間後のことでした。

得意満面で上司に見せたとき、上司の表情は明らかにムッとしていました。なぜかといえば、上司は研修の翌日に報告書を読みたかったからです。報告書は1枚に要点をギュッとコンパクトにまとめれば十分でした。良かれと思って詳細まで書き連ねた文書は自己満足に終わり、納期も大幅にズレてしまいました。案の定、その日から「鈴木は仕事ができない」というレッテルを貼られたのです。

このように**相手が期待していないことをやりすぎてしまうのはいけません。**合格点を超えているのに、「まだまだ」「もっともっと」と過剰品質や過剰サービスをするのもそうです。

では、何事も完璧にやりたい人は、どうしたらいいでしょう。

処方箋は投入する時間を決め、スピードを上げることです。「上司やお客様は、いつも急いでいる」と心得て、お待たせしないようにクイックレスポンスを習慣にしてください。

仕事はキャッチボールです。相手が指示や依頼、質問というボールを投げてきたら受け取り、仕事を終えたらボールを返します。すべてのボールを受け取るたびに100点満点にしてから返すと、どうしても手持ちの滞留時間が長くなってしまいます。しかもボールはひとつではなく、あちこちから飛んでくるのでペンディング案件が増える一方です。仕事が終わらない、時間が足りないと感じる原因はここにあります。そうならないよう抱え込まずに返していく。身軽になって、ストレスも減らしましょう。

段取りが良い人は時間ありきで考えるので、仕事を途中でやめる勇気を持っています。

これ以上時間をかけてはもったいないというボーダーラインが明確だからです。

一方、段取りが悪い人は成果ありきで考えるので、仕事を途中で投げ出しません。中途半端だとプロ失格と思い込み、終わるまでやらなければ気が済まないし、そうしないと自分が許せなくなってしまいます。

あなたにも80点でいい仕事がきっとあります。これからは投入する時間を決めて、時間内に終わらせるようにしましょう。

03

段取りが良い人は、仕事それぞれに適量の労力をかける！

04

段取りが良い人は順番を破り、段取りが悪い人は順番を守る。

見出しが間違っているのでは、と思いきや、正しいんです。

段取りが悪い人は、きちんとルールを守るのが得意です。順番を守り、何事も決められたとおりにやらないと気が済みません。仕事を引き受けるのは先着順ですし、お客様に説明するときは、相手がすでに知っていることも、ことこまかに説明します。

そんな彼らの弱みは、時間の感覚に疎いことです。

段取りが良い人は、順番を破るのが得意です。仕事を受けるには自分なりの基準があり、全部を引き受けるわけではありません。また、お客様に説明するときは、相手の理解度に応じて、既知のところは飛ばしてしまいます。もちろんコンプライアンスで必要なところは省きませんが。このようにビジネスでは、必ずしも順番を守らなくても構いません。

彼らの強みは、相手の時間と自分の時間を大切にすることです。

新聞を読むときをイメージしてください。すべての記事に目を通したら、1時間以上かかるでしょう。読者はきっと毎日読みたいコラムやコーナーが決まっていたり、仕事に役立つ記事はどれかなと、見出しを目で追いながら探すのではないでしょうか。

本を読むときも同じです。作り手としては読破してもらうのが一番嬉しいですが、読者の方が好きなように読めばいいのです。興味のあるところだけ読んだり、もし自分に合わないと思ったらいさぎよくやめるのも自由です。

つまらなくても仕方なく読み続ける理由は、せっかく買ったのだからという、お金をムダにしたくない気持ちだと思います。でもムリをして読み続けると、今度は時間をムダにしてしまうので、次の本に移ってはいかがでしょうか。

お金はまた手にできても、今という時間は取り戻せません。**物事を決めるときは、お金だけでなく、時間をムダづかいしない方法を取り入れてください。**

とくにネット社会では情報があふれていて、あれもこれも取り入れると情報過多となり溺れてしまいます。**自分にとって何が必要で、何が要らないのか、取捨選択するのが段取り上手になるコツです。**

読者の皆さんならば、キャリアアップに向けてテストを受けたり、資格試験の取得を目指すこともあるでしょう。

テストは1問目からじっくり時間をかけて解くと、残りの問題に目を通さないまま制限時間となることも。まずは全部の問題をパッと見て、得意なところから取りかかったり、わからない問題は飛ばすなど、要は解く順番はどうでもいいわけです。マークシートがひとつずれたら0点になる心配もあるので、見直す時間も取りたいでしょう。だから、まずは計画を立てることが賢いやり方ですね。

また、多くの資格試験は3級、2級、1級の順に難易度が上がります。普通は3級、2級、1級の順に受験しますが、いずれ1級を目指すのなら、2級や3級を飛ばしてもいいのです。実際、私も3級に合格したあと、2級を受けずに1級に合格したことがあります。日本の学校でも、外国のように飛び級がもっと普遍的になれば、優秀な若者が1日も早く社会に出て、世の中のために貢献してくれる気がします。

実はこの本の原稿も1ページ目から順に書いてはいません。目次を先に決め、書けるところから執筆しました。筆が進まないときは途中でやめて、その項目をパスしました。書く順番は本当にバラバラで、4章のあとに2章を書いたりしています。

そうそう、多くの本には巻頭に「はじめに」がありますが、最初に書く人は、意外と少ないようです。

順番を守らなくてもいいことはたくさんあります。ガチガチに自分を追い込まず、ゆるやかにいきましょう。

04

段取りが良い人は、臨機応変に仕事の進め方を変えていく！

05

段取りが良い人は基本を大切にし、段取りが悪い人は応用したがる。

段取りが良い人は基本を大切にし、その能力を磨くことを惜しみません。読み、書き、そろばんは、江戸時代から初等教育の基本とされていて、いくらデジタルが進化しても欠かせないスキルです。

まずは読み書きの重要性です。ビジネスでは、記録や証拠になる文書を作成して、その文書に基づいて仕事をする「文書主義の原則」があります。「相手とつき合いが長いから堅苦しい契約書なんて交わさなくてもいいだろう」「文書を作るのは面倒だから口頭で済ませてしまおう」などと簡略化すると、途中でお互いの理解が異なり、うまくいかなくなることがあります。

また、物やサービスを売ったり買ったりするときは、請求書をもとに金銭を授受し、領収書をもって証拠とします。「1万円ちょうだい」と言われて、「ハイ、わかりました」と振り込むわけにはいきませんよね。

このようにオフィスワークでは、メールを含めて文章を書く機会が少なからずあるので、わかりやすく伝える技術が求められているのです。**「メールを書くのが苦手で時間がかかってしまうんです」だとか「わかりやすい文章を短時間で書けるようになりたい」という方は、どうか書くのが苦手・キライという思い込みを捨てて、読み書きをトレーニングしましょう。**毎日積み重ねれば、やがて花が咲くので楽しみにしていてください。

この本を手に取ってくださった方は、きっと日頃から読書の習慣があると思いますので安心ですが、良い文章をたくさん読んでいただきたいです。「読むのと書くのは無関係でしょう」と言う方がいますが、表裏一体で間違いなく文章を書くときの手助けとなります。

読解力とは、その名のとおり読み解く力です。目で文字を追いながら解釈するので、必然的に頭が働きます。そうやって頭のストレッチを毎日積極的にやりましょう。

仕事から離れて小説やエッセイを読むのも大賛成。好きな作家を見つけて、その人の作品を読むと、きっと相性が良いのでスムーズに読み進められますし、言葉選びやフレーズは勉強になりますよ。

上司に稚拙な文章だとダメ出しされたとか、日報を修正で赤字だらけにされたなどという悩みを聞くことがありますが、心が折れると、もっと書くことから遠のきます。そうならないよう、楽しみながら読み書きする力を高めましょう。

段取りの悪い人はデジタル好きが高じて、「アナログなんて古くて格好悪い」と敬遠しがちです。SNSで短文のやりとりやスタンプで伝え合うのに慣れてしまうと、いざビジネスシーンでまじめな文章を書くときに時間がかかりますし、要件をうまくまとめ切れないこともあります。

会社の指示通達文や上司のメールを読むのも苦痛で、4コマ漫画にしてくれたらいいのになぁとブツブツ独り言が出たりして……。本人は気づきませんが、**読み書きなどの基本が苦手だと、仕事をする上でずっと大きな弱みを抱えたままとなり、仕事がなかなか進みません。**

ある出版社の方は、「スマホ派の新入社員が入社して、メモやノートを取ってくれないんです」と嘆いていました。指示をしてもメモしないので注意すると、「スマホに録音してるから大丈夫です」と答えたそうです。仕事を教えたときはノートがないので心配していたら、書類やパソコンの画面、先輩社員が書いたメモをすかさずスマホのカメラで撮影し、書くことは一切しないのだとか。

確かに時短にはなりますが、仕事の基本能力が身につきません。すると、ちょっと複雑な仕事に向かい合ったとき、正確にできなかったり、時間がかかったりしてしまうのです。

さすがに、そろばんについては、オフィスで使う人は見かけませんね。パソコンで表計算ソフトを使うのは当たり前ですし、経理の月次処理をソフトに入力すれば、決算まで自動的に計算してくれるでしょう。でも、それに甘えず、**数字を読み解く力は持ち合わせたいものです。会社の売り上げや利益、株価は押さえておきましょう。**

基本なくして応用はできません。アナログにはアナログの良さもあるので、基本にいまいちど立ち戻ることを忘れないでください。

05 段取りが良い人は、仕事の基礎力が高い！

第2章

優先順位 編

06

段取りが良い人は重要度を優先し、段取りが悪い人は緊急度を優先する。

優先順位のつけ方といえば、重要度と緊急度の2軸で表すマトリクスがおなじみです。これは新入社員研修で教えるくらい基本中の基本というべき考え方なので、読者の皆さんなら、きっと知っているはず。では、復習をかねてマトリクスの4つのゾーンと、それぞれに当てはまる仕事を挙げてみます。

A「重要度、緊急度ともに高い仕事」

（例）自分が主担当になっている業務、お客様対応、クレーム処理、お金に関する仕事、利益になる仕事、あなたしかできない仕事

B「重要度が高く、緊急度が低い仕事」

（例）整理整頓、マニュアル作り、ファイリング、業務改善、部下や後輩・新入社員の指導、締め切りまで十分な時間がある仕事

C「重要度が低く、緊急度が高い仕事」

（例）急な指示や依頼、質問や問い合わせ、割り込み仕事、電話、メール、アポイントメントなしの来客応対、経費精算、形式的な報告・連絡・相談、締め切り間際の仕事

D「重要度、緊急度ともに低い仕事」

（例）ネットサーフィン、スマホいじり、長電話、ダラダラ会議、重要でないメール処理、暇つぶし、つき合い残業

そして、A「重要度、緊急度ともに高い仕事」から着手せよ、D「重要度、緊急度ともに低い仕事」はできるだけなくそうというのが一般的な考え方です。

生産性向上を狙いにした研修をするうちに気づいたことがあります。それは、『A「重要度、緊急度ともに高い仕事」から手をつけ、次にC「重要度が低く、緊急度が高い仕事」に対応しているが、Cの量が多いため、それだけで1日が終わってしまう。B「重要度が高く、緊急度が低い仕事」に時間をかけられない』、という悩みを抱える人が大勢いると

いうことです。

段取りが良い人は、緊急度が高い仕事を自分で減らすことができます。例えば、月末にまとめてやることが多い経費精算や、形式的な報告書作成の類は、「その日のうちに」を習慣にしているのです。

突然ですが質問します。あなたは1週間前の今日、何を食べましたか？　次に、昨日は何を食べたでしょうか？　さて、思い出せましたか？　明らかに昨日の記憶のほうが鮮明ですよね。同じように経費精算も報告書も、その日のうちにちゃちゃっと済ませれば結果的にラクということです。

段取りが悪い人は、締め切りは先だからまだ大丈夫と手をつけずに、のんびり構えています。やがて締め切り間際に気づき、「しまった、やっていない」と慌てて、自分で緊急度を高めているわけです。焦ると平常心を保てなくなるため失敗しやすく、失敗すると謝ったりやり直したりして、さらに仕事を増やしてしまいます。先手で対処する習慣を身につければ、至急案件は減らせるのです。

研修で気づいたことに話を戻すと、Ｂ「重要度が高く、緊急度が低い仕事」は先送りしやすい傾向にありました。たしかに整理整頓やマニュアル作り、業務改善や人材育成には締め切りがありません。でも、これこそ生産性向上や効率化に威力を発揮する事柄なので、一刻も早く着手すべきです！

急ぎか急ぎでないかを判断基準にすると、大事な仕事を後回しする羽目となり、つけは日増しに大きくなっていきます。**「いつかやる」のではなく、自分で期限を設けましょう。**

かくいう私も、忙しいときはデスクの片づけなんてする暇がないと開き直るのですが、本来は逆の発想をすべきで、片づけないから仕事が滞るのです。書類が見つからなかったり、雑然とした環境のせいで気が散って集中できなかったり……、自分で自分の仕事を邪魔しているのだと反省しています。

これからは重要度の高い仕事をやりましょう。

06 段取りが良い人は、緊急になる前に処理をする！

07

段取りが良い人は本来業務に集中し、段取りが悪い人は関連作業に追われる。

あなたが今、抱えているタスクを洗い出すと、かなりの量があると思います。ただ、それらを片っ端から処理すべきではありません。おそらく、「やるべきこと」と「やらなくていいこと」が混在しているはずです。

そこで、日頃から優先順位をササッとつけられるよう、仕事を大きく4つに分類する方法を提案します。4つの分類とは、**①本来業務　②関連作業　③雑件　④ミス&ムダ**です。

ひとつ目の本来業務とは、あなたが主担当になっている仕事、または売り上げや利益に直接結びつく仕事です。営業職を例にすると、お客様に対する提案やプレゼン、商談などが本来業務です。

2つ目の関連作業は、本来業務をするにあたり必要不可欠な作業のことです。同じく営業職を例にすると、いきなり契約を交わすのはムリですから、事前に訪問日時を決めたり、企画書や見積書や契約書といった書類作成、プレゼンの準備などが当てはまります。

3つ目の雑件とは、本来業務とは直接関係がない雑事や庶務のことです。例えば来客があったり、電話が鳴れば知らんぷりすることはできません。そのほか経費精算、名刺や文具の発注、郵便物の開封、歓送迎会の幹事など、こまごましたタスクを雑件と呼ぶことにします。

4つ目はミス&ムダ。ミスをすると謝ったりやり直したりしなければなりませんし、ミスとは言えないまでも上司やお客様から手戻り・やり直しを命じられることもあるでしょう。これらは一度で済ませられたら生じなかった作業なので「ムダ」の括りに入れます。

ぜひ、あなたの仕事を4つに分類してみてください。優先順位が高い順に並べると、本来業務→関連作業→雑件→ミス&ムダです。

4つに分ける目的は、本来業務をハッキリさせて、ほかの作業と区別するためです。最も時間をかけてほしいのは本来業務で、関連作業、雑件、ミス＆ムダの順に時間を減らしてください。**ミス＆ムダはゼロにするのが目標で、創出した時間を本来業務に充てるのが段取り上手な人のやり方です。**

理由は時間対効果にあります。本来業務は自分にしかできないことをするチャンスですし、オリジナリティを出して他社や他人と差別化することもできます。売り上げや利益に直結する仕事ならなおさら、注力するほど成果を期待できますね。

スリム化してほしいのが関連作業です。前任者に習ったとおりに、マニュアルどおりになどといって、同じことを繰り返すだけでは作業は減りません。もっとスピードを上げて、もっと正確に処理するにはどうしたらいいか、常に問いかけながら取り組みましょう。

なお、「作業」というネーミングにした理由は、残念ながら直接利益に結びつきにくいからです。見方を変えれば、やり方を変えるのにリスクがあまり伴いません。

なお、アシスタントの方は、関連作業が本来業務のひとつではないかと思います。アシスタントは事務のプロですし、パソコンに強い方も多く、現場業務に精通していますす。だからこそ問題点や改善策に気づきやすく、みんなの生産性向上に寄与するとグンと評価も高まりますので、遠慮せずに定型業務や事務改善の提案をしてみてください。

雑件は利益を生まないものの、やらないと仕事に支障をきたすのでスキマ時間や気分転換したいときに、ちゃちゃっと終わらせるのが得策です。５分間でやれることはその日のうちに済ませ、できるだけ翌日以降に持ち越さないようにしましょう。

最後にミス&ムダはゼロにしたいですが、完璧な人間などこの世に存在しないので、失敗したら同じことを繰り返さないよう作戦を立てることが大切です。また、上司の指示を早合点してしまい、手戻りややり直しを命じられることがよくあるなら、指示を受ける時点で念には念を入れて確認する、途中でイメージと合っているかを見てもらうなどし、一発ＯＫが出るよう心がけてください。

07 段取りが良い人は、関連作業の改善策を練る！

08

段取りが良い人は面倒な仕事が先、段取りが悪い人はやりたい仕事が先。

あなたは毎日、どんな仕事から手をつけていますか？

目標必達に向けて自分に厳しい人はともかく、ほとんどの人は本能のままにラクをしたい生き物です。私も例外でなく、優先順位を無視して、やりたいことを先にやる癖がありました。

当時は朝デスクに座ると、受信メールが気になってチェックするうちに、仕事とは関係ないメルマガが読みたくなって熟読したり、ネット検索をはじめたりして1時間が過ぎていたなんてことも。「おっと、いけない」と反省しながら次に取りかかるのは、やりたい仕事。それらのほとんどは軽微な作業でした。

問題なのは、「優先順位が高い仕事は○○だ」と頭ではわかっているのに、やりたくない病やズルズル先延ばし病にかかってしまうことです。あなたにもありませんか？　気が進まない仕事から逃げたくなることが。

どなたでもきっと、やりたい仕事と、やりたくない仕事があると思います。では、やりたくない原因は何でしょうか。

それは、労力の違いと気持ちの問題ではないでしょうか。気乗りしない仕事は、面倒だったり難しかったりして簡単に終わらないことが多いもの。時間がかかり、ややこしいことだと、ハッキリ言って疲れます。

反対に、やりたい仕事は慣れていたり、要領をつかんでいるのでサッと終わらせることができます。短時間でラクをして終わるなら、こんなに嬉しいことはありませんから、やりたい仕事をしたくなるのは当然です。

私たちが仕事で使うのは、主に知力と体力、気力の３つです。

営業職ですと客先訪問をしたり、店舗で一日中立ち仕事をするなど「体力」を使いつつ、お客様へ目配り・気配り・心配りをしたり、相手に不快な感情を抱かせないようにしたりして「気」を使います。結果的に失注したとしてもくじけず、気持ちを切り替えることも必要ですね。

業務知識はもとより、周辺知識としてコンプライアンス、交渉スキルといった「知力」もかなり求められる仕事です。

デスクワークが中心の方ですと、座っているとき「体力」はさほど使わなくても、その分「知力」と「気力」をフルに回転させているはずです。

私の場合は、丸一日研修をするとエネルギーをめいっぱい使います。帰り道はヨレヨレで見る影もありません（笑）。もうひとつの仕事は原稿を書くことで、アイデアを振り絞りながらパソコンに向かうと疲労困憊します。それに比べて同じパソコンに向かうにしても、軽微な定型業務は割とたやすくできます。そのため定型業務に手を出しやすく、つい長い時間をかけてしまい、仕事をしている気分に浸ることがあるのだと思います。

普通は負荷がかかる仕事ほど、生産性が高いのではないでしょうか。皆さんも同じ時間をかけて評価されるのは、きっと面倒で疲れる仕事でしょう？　天才でない限り、ラクをして稼げる仕事など、そうないのです。

段取りが悪い人は、やりたい仕事を先にやり、面倒な仕事を後回しにします。すると、やりたい仕事に時間をかけ、面倒な仕事には十分な時間をかけられず、時間当たりの生産性が低くなりやすいのです。

一方、段取りが良い人は、面倒な仕事を先にやります。**逃げたい気持ちをこらえ、どうせやるなら、さっさとやってしまえと向かっていきます。**越える山は高くとも果敢に挑むので、時間当たりの生産性が高くなります。やり遂げたら、残るはやりたい仕事なので、よかった、よかったと気持ちまで軽やかになるのです。

自分の限りある資源、時間とエネルギーをムダづかいしてはなりません。1日当たりの就業時間は限られているので、先にやる仕事を見誤ると、あっという間に時間は過ぎていきます。それに疲労度は時間を追うごとに増します。

そもそも、やりたい、やりたくないは自分の気持ち次第。そう割り切り、毎日少しずつでもいいから面倒で疲れる仕事を先にするほうが得策です。

08 段取りが良い人は、難しく時間がかかる仕事を真っ先にやる！

09

段取りが良い人は割り込み仕事を後回し、段取りが悪い人は割り込み仕事をすぐやる。

割り込み仕事とは、誰かから急な依頼を受けたり質問される、電話が鳴る、来客がありり対応する、メールが届くなどの予期せぬ出来事を言います。それらの対応に時間を取られてしまい、自分がやろうとしていたことが中断したり、計画どおりにいかなくなったりするわけです。

ビジネスパーソンが頭を悩ますのは、「割り込み仕事を先にやるか、あとにするか問題」です。もちろん電話が鳴ったり来客があったら、それを無視することはできません。クレームがあったときも緊急度は高いので、すぐさま対応すべきです。

一方で、自分でコントロールできることもあります。例えばメール対応です。

以前の私は、メールが届くとすぐ読みたくなり、読むたびに返信していました。でも、ある日のこと、「メールを最優先していいのだろうか」と疑問が生じたのです。

メールを1通チェックするのにかかる時間は、ほんのわずかです。しかし、ほかの仕事の合間に細切れで1通ずつ処理しようとすると、前の仕事で使った書類やパソコンの画面を切り替える時間が必要になります。**ほかの仕事からメールに切り替える時間、またメールからもとの仕事に戻る切り替え時間を足していくと、実は大きなロスになるのです。**また、集中力も途切れます。

そこで、メールは大事な仕事をひととおり終えてから、まとめて読む習慣に変えました。返信も数通まとめてします。このように同じ種類の仕事をまとめてからやることを「同質化」と言います。

話は逸れますが、日本人は整列するのが得意です。駅のホームでは整列乗車をし、お店のレジやトイレが混んでいたらフォーク並びもお手のもの。これらの規律正しさに外国人は感心するとか。もし、ずる込みをする人がいたら「おい君、ちゃんと並ばなきゃダメじゃないか」と誰かが諭してくれ、ずるした人は舌を出しながら列の後ろに並び直したりします。そう、社会ではずる込み禁止なのです。

それなのに仕事になると割り込みに甘くなり、「ハイハイ、いいですよ」と受け入れて優先的に処理する人がなんと多いこと。不思議だなぁと感じるのは私だけでしょうか。

では、どのように対処したらいいでしょうか。まずは、**計画を立てるときに割り込みを想定しておきましょう。割り込みがあるのは当然くらいに身構えておけば、慌てません。**

仕事は勉強と違い、すべての工程を一人で進めるわけにはいきません。それがゆえ、こちらから割り込むこともありますし、相手から割り込まれることもあります。

実際に割り込みがあったなら、その都度優先順位を精査してください。至急対応すべきなのか否かは、あなたに決定権があるからです。

原則として、割り込み仕事は後回し。例外として至急対応が必要ならば先にやる。そのようにマイルールを決めるのも一手です。というのは、生産性を高めるには集中力が欠かせないからです。段取りが良い人は、自分の立てた予定を簡単には覆しません。大事な仕事に集中したいので、気が散るものはブロックして入れないのです。

ただし例外があります。日頃から懇意にしてくださるお客様や主要取引先からの頼まれ事です。先方はぜひ御社にとか、あなたにお願いしたいという思いで連絡をくれたのですから、期待に応えてあげましょう。

そもそも商売はお客様があって成り立つもの。それなのに、お客様が困っていても知らんぷりをして目の前の残務処理を優先したら、期待を裏切る結果となってしまいますね。

後回しにしていい割り込みの候補は、「至急」「今日中に」などとムリな指示をされたときです。

ちょっと意地悪な言い方ですが、**至急を連発する常習犯は段取り下手な人に多いです。**

火急な用件を除いて、前もって頼めることをギリギリになってから頼むようでは迷惑千万なので、ノーと言えなくとも「3日後なら可能ですが」などと条件を提示してみてください。「ずる込みできませんよ」とさりげなく教えてあげましょう。わがままな人に振り回されてばかりでは、成果がいまひとつという結果になりかねません。

さあ、毎日のように入ってくる割り込み仕事を段取り良くさばきましょう。

09 段取りが良い人は、割り込み仕事の優先順位をすばやく精査する！

10
段取りが良い人は社外の仕事に時間をかけ、段取りが悪い人は社内の仕事に時間をかける。

社内の仕事と社外に向けた仕事が同時にあったら、あなたはどちらを優先しますか?

段取りが良い人は、「基本的に社外の仕事を優先します!」とマイルールを決めています。

そして都度迷うことなく、今すぐやる仕事を選びます。


ところで、多くの企業は「顧客第一」をスローガンに掲げています。

ジョンソン&ジョンソンでは、私たちの信条(Our Credo)と呼ばれるものがあり、優先順位がハッキリと書かれていて、「我々の第一の責任は顧客、第二は社員、第三は社会、第四は株主です(抜粋)」とあります。あれもこれも大事なものではありますが、一番大切なのはお客様です、とハッキリさせて経営の指標としているわけです。

「第一の責任」の文中には、「顧客からの注文には、迅速、かつ正確に応えなければならない」ともあります。このクレドをもとに全従業員はベクトルを合わせて行動しています。

なお同社のクレドについては、早稲田大学ビジネススクールの山田英夫教授の講義で教えていただきました。

あなたも所属する組織の経営理念をいまいちど確認しましょう。優先順位に迷ったとき、大切なものは何か、答えが見つかるかもしれません。

私は小さな会社を経営していて、一人何役もこなします。パニックになりそうなこともあるので、優先すべきなのは社外の仕事なのだとハッキリ決めていて、社内の仕事は極力後回しにします。

例えば、お客様から研修の仕事を頼まれたら、直接ヒアリングする時間をたっぷり取るように心がけています。話を伺うと問題点が見えたり、原因の仮説が立ったり、要望がわかったりするからです。そのあとでオーダーメイド型の提案をしています。情報収集はとくに大切で、もしすっ飛ばしたら、机上の空論になり、現状とかけ離れた内容になってしまいます。

私が研修した企業で、ほかの講師への不満を耳にしました。「ある講師は、自分たちの業界や仕事内容をまったく理解していないので、話を聞く気にならなかった」というのです。

自分はそう言われないよう、研修に伺う企業のホームページを見て概要をつかみ、トップのメッセージや沿革、業務内容などに目を通し、わからないことは主催者に質問して教えてもらうようにしています。わからないことはわからないと言う素直さも大切で、知ったかぶりをしたら、すぐに見破られてしまうでしょう。

これらの情報収集を含めて社外の対応を済ませてから、社内業務、例えば経理などをやるように心がけています。

社内業務は後回しといっても、上司から指示が次々と飛んでくる人もいるでしょう。実をいうと、いろいろな職場で、お客様より上司ファーストの部下を見かけます。

では、次のようなシーンを想像してください。

主要取引先から問い合わせがあって調べものをしていたら、上司に呼ばれて、「チームの業務分担について君の意見を聞きたい」と言われました。さて、あなたならどうしますか？

段取りが悪い人は、上司に「承知しました」と答えてすぐさま着手し、顧客対応は二の次にします。つまり、自己判断でお客様対応を後回しにするわけです。

一方、段取りが良い人は、「主要取引先の○○様から、このようなメールが届いて対応しています。ご指示の仕事とどちらを先にすればよろしいですか」と上司に尋ねます。

おそらく上司は、部下が今どんな仕事をしているのか、わからないまま指示を出しています。であれば、**仕掛かり中の書類やメモ・メールなどの現物を見せながら、優先順位を上司に質問すればいいのです。**

あとは上司次第で、「○○様の件が終わってから頼むよ」と言われるかもしれませんし、急ぎならば、ほかの人に頼むことでしょう。お客様に迷惑をかけては元も子もありませんし、上司の望むところでもありません。

基本的に優先するのは社外業務、後回しでいいのは社内業務です。それが結果的にオールＷＩＮになることをお忘れなく。

10 段取りが良い人は、時間がかかってもお客様対応を最優先する！

11 段取りが良い人は相手優先、段取りが悪い人は自分優先。

相手とやる仕事と、自分だけの仕事があったら、どちらを優先すべきでしょうか。

相手とやる仕事とは、その名のとおり相手とやりとりしながら進めるもの。自分だけの仕事は当面の間、誰かに指示や指導を受けなくても一人で進められるものです。

段取りが良い人は基本的に相手とやる仕事を先にし、自分だけの仕事を後回しにします。

なぜかというと、そのほうが効率的だからです。例えば、指示された仕事に取りかかったけれど、わからないことがあって質問したくなったとします。早めに着手したり、日中に取り組んでいれば、すぐにその場で相手に尋ねることができます。

しかし、**あなたが残業していて相手が家に帰っていたら、質問は翌日以降に持ち越されるので、いったん仕事を中断しなければなりません。**電話やメールをしても返事が来るのは翌日以降になるため、待ち時間というロスが生まれたり、仕事がはかどらなくなったりします。これは、相手が社内の人だろうと社外の人だろうと同じことが言えます。

あなたが誰かに仕事を頼むときも、早ければ早いほど良い。それは、相手に十分な時間を与えることができるからです。つまり、期待どおりの仕事をしてもらえる可能性が高くなります。

逆に自分だけの仕事を先にやり、指示を先送りしたら、相手に負担をかけ、思うような仕事はしてもらえないでしょう。

なお、職場によってはフレックスタイム制を導入していたり、時短勤務の方もいます。時短勤務で16時に退社する同僚に、15時頃「コレ、今日中にやってくれる？」だとか「至急でお願いします」と指示するのは失礼な話です。

残業が当たり前になっていると、時間の感覚が鈍くなりやすいので要注意。働き方は人それぞれなので、相手の立場に立つことが大切ですね。仕事はチームワークですからマイペースよりユアペースを心がけましょう。

段取りが悪い人は、常に自分だけの仕事を優先します。今やらなくてもいいんじゃない？

ということに熱中し、周りが見えなくなることもあります。電話が鳴っても来客があっても、たとえ誰かが困っていても知らんぷり。同僚や後輩社員に追い抜かされては困るので、できるだけ仕事を教えないで秘密にすることもあるようです。

仕事の属人化？　彼らはそんなの関係ありません。会社の業績だとかチームの目標だとかよりも、自分の評価を上げたいのですから。

若手社員の頃の私は、優先順位をつけるのが大の苦手でした。社外の人を巻き込んだプロジェクトがあり、担当業務のフローを作るよう上司から指示を受けたのに、ほかの自分の仕事ばかり優先してしまい納期をすっぽかしたのです。

上司から、「事前に相談があったならともかく、納期当日になって『できませんでした』はいけないね」と叱られました。ダメダメ社員だった私は、ちゃんと納期を守った同僚や、計画を立ててプロジェクトを進めていた社外の人に迷惑をかけてしまったのです。このように、**たった一人でも約束を守らない人がいると、足並みはそろわず、作業をストップさせてしまいます。**

もちろん100%相手に合わせて仕事をしましょうとか、自分の仕事は手つかずのままでもいい、という主旨ではありません。ただ相手と関わる仕事は、ある程度は先方の都合に合わせながら進めたほうがはかどります。

リーダーや管理職になれば、自分の仕事に集中できる時間は少なくなります。メンバーの仕事がうまく回るよう、みんなが早く帰れるよう、全体を見渡す役回りを期待されるからです。メンバーから急な相談を受けて、クレーム対応やミスのリカバリーを助けることになれば、自分の仕事などできません。そのためにも自分一人で完結できる仕事は、日頃から段取り良く進めておき、空き時間を作っておきましょう。

そうはいっても自分の仕事だって大切です。「一人でする業務はいったい、いつやればいいの?」「時間を取れるの?」という疑問もあるでしょう。ちゃんと時間を確保する方法は、「第3章　スケジュール管理編」でお伝えします。

11 段取りが良い人は、多人数で動かす仕事を優先する!

12

段取りが良い人はやらないことを決め、段取りが悪い人はやることを決める。

TODOリストは、今日やることを書き出したもので、計画的に仕事を進める一助となります。ただ、あれもこれもと拾い上げると、際限なく増えてしまうのが難点です。

そこでおすすめしたいのが、**「NOT TODO」リストです。これは真逆の「しないことリスト」で、やらなくてもいいことを書き出したもの。あらかじめ決めておくと、タスクを減らせて、とてもラクになります。**

「しないことリスト」のメリットは、自分なりの判断基準を持てたり、オンとオフとの線引きができることです。とくに誘惑に負けやすい人、なかなか習慣を変えられない人、情に流されやすい人におすすめします。

それでは、参考までに私の「しないことリスト」を一部紹介します。

・18時から翌朝8時までは仕事をしない
・1日15分以上SNSをしない
・飲み会の2次会、3次会は参加しない

まず、18時から翌朝8時まで、つまり1日の約半分に当たる14時間は仕事をしないと決めた理由は、ワークライフバランスを実現するためです。自宅でパソコンやスマホをいつでも見られるため、それまではオンのモードが長時間続いていました。というのは、お客様や取引先によって勤務時間がさまざまだからです。最も多く連絡が入るのは平日の9時から18時までの時間帯ですが、勤務先で夜遅くまで残業する方もいれば、土日にシフト勤務する方もいます。また、おつき合いのあるフリーランスの方々は夜中から早朝にかけて仕事をしています。

先ほど、社外の仕事は優先しようと書きましたが、それは就業時間内での話。メールは24時間届くため、すぐに対応するとなると寝る時間を削るしかありません。そうなると、一人で24時間営業のコンビニエンスストアで働くようなものなので、思い切って仕事をしない時間帯を決めました。

ある企業で伺った話ですが、休暇中にお客様から連絡が来ると、すぐ対応せざるをえないとか。競合他社の担当者は対応するので、自分が休んでいては負けてしまうというのです。でも、それだけの理由で負けるでしょうか。お客様から選ばれるには、スピードが一番なのだという思い込みはありませんか？　それ以外で勝負できる方法がきっとあります。

ほかにも**「しないことリスト」は、仕事量を抱えすぎないで平準化するときに役立ちます。**

例えば客先を訪問して営業や商談する方の場合、1日につき2件までが限界だと感じたら、「1日当たり3件以上アポは入れない」と決めておくと、ムリのないスケジュールが組めるでしょう。

また、「会議は1時間以上しない」「会議中黙ったままでいない」というように、自分なりの目標をリストアップしておくと、行動に移しやすいです。

以前、ある著名人の講演料が高額なのを知って驚いたことがありますが、その理由は効率化のためだそうです。仕事が殺到しすぎて全部引き受けられない。さて困った。そこで価格を業界の水準よりも高く設定したのでした。

たしかに問い合わせがあるたびにその仕事を引き受ける・引き受けないを検討したり、受注する見込みのない場合でも見積書を作ったり、商談に出向いたりしていると、こまごまとした調整に追われて時間がかかってしまいます。それならば、「○円以下の仕事は引き受けない」という基準を設けるのもひとつの方法で、断る理由が明確になります。

入口で仕事を選ぶと、限られた案件に時間を充て、結果を出すことに注力できるのです。

話を「しないことリスト」に戻すと、ＳＮＳは便利で楽しいのですが、誘惑に負けやすい性格なので、仕事そっちのけになることも。そのため時間制限を設けています。

また、飲み会は１次会までにして、寝る時間を確保します。

このリストを作ってから、身を粉にしてがんばることや、次から次へとやることに追われるストレスから解放されて、毎日がとてもラクになりました。

あなたも、さっそくやらなくてもいいことを挙げてみてください。

12 段取りが良い人は、やらなくても構わない物事を洗い出す！

13

段取りが良い人は即決断、段取りが悪い人は優柔不断。

段取りが良い人は好奇心旺盛で、日頃からアンテナを張っています。インターネット閲覧のほか新聞や本を読んだり、人の話からヒントを得るなどして、有益なことを取り入れようとする積極的な姿勢があります。

そして、思い立ったら決断するのが速いです。

「鉄は熱いうちに打て」ということわざがありますね。『故事ことわざ辞典』（三省堂）には、「人は柔軟性のある若いうちに鍛えることが大事だという教え。また、物事は時期を逃さないうちに実行しないと成功しにくいという教え」と載っています。

仕事でも日常生活でも、小さなことを判断するときは時間をかけすぎないようにしましょう。優柔不断だとチャンスを逃してしまうかもしれません。

そういえば私は、週に1度は書店に行きます。

書店に行くと、手っ取り早く仕事や生活に役立つ本を見つけられるからです。そして１回に３０００円までの支払いなら、数冊分を即買いするマイルールを決めています。

以前は、「今すぐ必要ではないし次回にしよう」と、ぐずぐずモタモタしていました。すると本のタイトルを忘れたり、もう一度書店を訪れても見つからなかったりして、そのままになってしまったことが幾度かありました。

繰り返すうちに何事も出会いは大切で、縁を活かそうと気づきました。後日買えたとしても二度手間となるため、一度で済ませればよかったと後悔したことも。当時は、いさぎよく決断できる人に憧れていました。

ところで活字不況の折、全国で書店が減ってしまい、紙の本が好きな身としては悲しい気持ちになります。近隣に書店がなくなり、インターネットで買うしかないという読者の方もいらっしゃるでしょう。もともと電子書籍派の方も多くいて、スマホで読めば荷物は減りますし、ものは増えません。

いずれにしても出版社が本を商品化するには、編集者が主担当となって著者や関係者と本を作ります。さらに装丁や印刷、卸、物流、販売など、読者の方の手に届くまでには幾人ものプロが携わっているため、当然ながらコストがかかります。ただ、その分、有料の本は、それなりに精度が高いと思います。

対してインターネットの記事は無料で読めるものが多く、かつ一個人が誰でも発信できるため、情報の信ぴょう性や完成度の点で玉石混交ではないかと感じています。自分でしっかりとした選択眼や判断基準を持たないと、誤った情報に惑わされる危険性もあるのです。

話を戻します。仕事では即断できるシーンがいくつもあります。

例えば、**受信したメールをチェックするときは、タイトルと送信者を見て、読む・読まないを判断しましょう。**タイトルと送信者を見れば、おおよその内容は見当がつくので、自分にとって要らない情報だったり返信する必要がなければ、読み飛ばすだとか捨てても構いません。すべてのメールを熟読して溜めておくと、大事なメールと要らないメールの区別がつかなくなり、あとで二度読みすることにもなり時間を浪費してしまいます。

もうひとつは、上司から指示を受けたときです。部下は上司の指示を受けるのが基本ですが、だからといって安請け合いしてしまい、あとになって「できませんでした」では迷惑をかけてしまいます。「できないのなら、はじめからそう言ってくれればいいのに」と指導されるのは目に見えているので、**指示を受けた時点で期限までにできるのか・できないのかを即答できるようになってください。**そのためには日頃からスケジュール管理をし、抱えている仕事量や自分のペース配分を把握しておくことが大切です。

段取りが悪い人は、優柔不断なので物事を決めるのが苦手です。**いったん保留にして検討しようとすると、やることがどんどん増えていき、先延ばしする癖がついてしまいます。**迷う時間は生産性が低いということを心得ておきましょう。

何事も慎重なのはおおいに結構ですが、石橋を叩いて叩いて結局渡らないよりも、えいやっと決めて行動してみませんか？　すぐにその場で決断すると、やることが次々に片づきますよ。

そうはいっても即決するのは難しいと感じる方は、はじめは時間がかかってもいいので自分で答えを出してみてください。経験を積めば徐々に判断するスピードは高まります。トレーニングするつもりで怖がらずに挑戦しましょう。

13 段取りが良い人は、やる・やらないの決断が的確で早い！

第3章

スケジュール管理編

14 段取りが良い人はミニ締め切りで進捗管理し、段取りが悪い人はデッドラインで管理する。

仕事をする上で、締め切りは避けて通れません。

期日よりも早く提出すると、「ありがとう。仕事が早くて助かるよ」と感謝されて褒められますが、1日でも遅れようものなら「プロとしてなっていない」だとか「迷惑だ」などと叱られます。私たちは納期になんとか間に合わせようと、必死にスケジュール管理をするわけです。

今書いている、この原稿にも締め切りがあるわけで、期日までに書きあげられるか不安に駆られるのは否めませんが……。

「締め切りなんてなくなればいいのに」そう思うこと、あなたにはありませんか？

ただ、締め切りがなければ、エンジンがかからないのも事実。「いつかやろう」は先送りの最たる要因です。相手方が決めた締め切りがあるからこそ仕事は成り立つ、ありがたやありがたやと思うことにしましょう。

締め切りを守るには、その日付をスケジュール帳に記す、これが普通のやり方です。でも、これだと納期遅延の確率が高まってしまいます。ギリギリに着手すると想定外のことが起きたときに対応できなくなるからです。パソコンの不調やネットがつながらないなどの事態が起こり、仕事が思ったとおりに進まなければ即アウトとなります。

そこでおすすめしたいのが、ミニ締め切りを作ることです。

ひとつの仕事を仕上げるまでには、いくつかの工程があります。まずは、それらの工程を書き出してみてください。

例えば、請求書をExcelで作るとします。工程を挙げて矢印でつないでみます。

Excelで請求書を作る↓プリントアウトする↓上司にハンコをもらう↓控えを取る↓送り状をWordで作る↓プリントアウトする↓封筒に宛名ラベルを貼る↓封を閉じる↓重さを計って切手を貼る↓ポストに投函する

お客様によっては、「請求書はPDFにしてメールで送ってもらえば結構です」というところもありますが、紙ベースでほしいところがまだまだ多いこの頃。となると、驚くほどやることがありますね。

それなのに、「請求書発送日」とだけスケジュール帳に書くと、当日になって慌ててやる羽目になり危ないです。それに先輩社員や同僚にダブルチェックをお願いしたり、上司にハンコをもらったりするのなら、相手の時間も必要となるので、「今すぐ」「今日中に」のお願いはいただけませんね。

そこで、もし請求書発送日が毎月5日だとしたら、ミニ締め切りを設定します。

①請求書作成……前月末日まで
②先輩社員にダブルチェックをしてもらう……月初2日まで
③上司にハンコをもらう……月初3日まで
③封筒に入れ切手を貼る……月初4日まで

これまで、ひとつの仕事につき締め切りがひとつだった方は、途中の締め切りをいくつ

か作りましょう。そうすることで前倒して余裕を持ってはじめられ、あとは落ち着いてプロセスの手順に従うだけでよし。周りの人にも喜んで協力してもらえ、進捗管理がうまくいき、遅延なくミスのない仕事ができます。

なお、仕事に慣れてくると、完成までひとっとびで終わらせようとしがちです。でも、**段取りが良い人は、慣れているからこそ慎重に進めます。**もしも請求書に誤りがあれば、お客様に謝ったり再送したりして仕事が増えますし、そそっかしい人と思われるのはもちろんのこと、上司や組織の管理体制まで疑われかねません。

納期遅延やケアレスミスの代償はことのほか大きいので、チェックする時間を持つためにも、ミニ締め切りを設定する習慣を身につけましょう。

14

段取りが良い人は、ひとつの仕事を複数の作業に分解し、それぞれに締め切りを設ける！

15 段取りが良い人はやる時間を決め、段取りが悪い人はやることだけを決める。

段取りをととのえるとき、優先順位と並んで大切なのがスケジュール管理です。「何を」「いつやるのか」、この2つはセットで考えてください。「何を」に入れるものは重要度で決まり、「いつやるのか」は緊急度で決まります。

優先順位の高い仕事から着手せよ。そう頭ではわかっていても、仕事はひとつだけではなく、あれもこれもやろうとするとパニックになってしまう。そんな人のために、うまくスケジュールに落とし込んでいく方法をご紹介します。

まず、スケジュール管理は、「鳥の目」と「蟻の目」の両方で行いましょう。「鳥の目」とは、全体を俯瞰することを指します。鳥は空高く飛びながら街全体を見渡していますね。私たちも真似をして、大きな流れを把握するために、**月間や週間の予定を先に立ててください。**日々の計画を立てるのは、そのあとです。

月間や週間予定表は、手帳でもデジタルのスケジューラーでも構いませんが、次の3つを書くといいでしょう。

① **アポイントメント**　面会、会議、研修など他人と約束した予定

② **締め切り**　納期、期限

③ **TODO**　やること、タスク（この段階ではおおまかでいい）

これらをふまえて月や週の大きな流れを把握すると、常に先読みをして計画を立てる習慣が身につきます。

続いては「蟻の目」です。蟻は地面や地下を歩き、目の前を見て行動します。よって蟻の目とは、目先のことや部分をとらえるたとえです。

「蟻の目」でおすすめするのは、毎日TODOリストを作ることです。段取りが良い人は1日をシミュレーションして、どうしたら成果を上げられるか作戦を立てます。それを文字にして見える化し、何度も見返してセルフマネジメントに役立てます。

よくあるリストは、やることを思いつくまま箇条書きしたものです。これはモレを防ぐ効果はありますが、生産性を高めるにはちょっと弱い。

そこで、戦略的なプランに仕上げましょう。**月間や週間予定表で、おおまかな予定を押さえ、TODOリストで行動レベルに落とし込んでいく**、そんな二段構えのイメージです。

TODOリストを作る目的は、成果を上げるため。そこで時間と優先順位を加えてください。

小学校の頃を思い出すと、時間割り表がありました。1時間目は国語、2時間目は理科というように朝から夕方までやることが並んでいましたよね。同じように**TODOリストも時間軸に仕事を当てはめていくと、行動しやすいです。**

はじめに決めるのは帰社時間です。基本は定時までですが、残業するとしても○時までとハッキリ数字で決めましょう。9時に始業、18時に帰るとしたら、お昼休みを除いて実稼働は8時間となります。昼休みを境にして午前と午後に分けて、前半戦と後半戦のごとく1日の作戦を立ててください。

次に、それぞれの時間帯に何をするかを入れていきます。

真っ先に入れるのは、優先順位が1番の仕事です。次に2番の仕事というように、優先順位の高い順に入れていきます。例えば今日中に必ずやる仕事は企画書作り、次にプレゼンの準備だとしたら、朝9時から企画書を1時間で作り、休憩を挟んで10時10分からプレゼンの準備をする、という計画を立てます。

これら大切な仕事は、朝出勤したらすぐにやるような計画がおすすめです。電話や来客が少なく、集中して自分の仕事に取りかかれるからです。

一方、段取りが悪い人は面倒くさがってＴＯＤＯリストを作りません。思いつきで仕事をするため、大事な仕事なのに、ついうっかり忘れたり、先送りしたりして、目に見える成果がなかなか現れません。

ひと手間かければ、段取りは良くなります。鳥の目と蟻の目を持ってスケジュールを管理し、戦略的なＴＯＤＯリストを毎日作りましょう。

15 段取りが良い人は、やるべき仕事を何日の何時からどのくらいの時間でやるかの計画を立てる！

16 段取りが良い人は締め切りを守らず、段取りが悪い人は締め切りを守る。

スケジュールミスでなくしたい代表的なものは納期遅延です。納期を守れなかった原因のひとつは、段取り不足にあります。では、どうしたらいいのでしょう。

段取りが良い人は、締め切りを守りません。

ええっ、嘘でしょ⁉　段取りが良ければ締め切りを守れるはず、とびっくりしないでくださいね。彼らは頼まれた仕事を締め切りまでにやればいいさ、とは微塵も思っていないのです。そもそも締め切りというのはデッドライン。それを死守するには、最終期限の当日になって提出するのでは危険すぎます。生身の人間ですから急な体調不良や不慮の事故など、何が起きるかわからないので、締め切りを無視して前もって提出してしまえばいいのです。

では、どうしたら締め切りよりも前に提出できるのでしょうか。

それは、もうひとつの締め切りを自分で設定することです。「いつまでに」という期限を決めるのは、たいてい仕事を発注したり指示する側です。そこで相手が設定した本来の締め切り日を「Ｙｏｕｒ締め切り」と名づけ、それとは別にもうひとつ、「Ｍｙ締め切り」と名づけた期限を作ります。**「Ｍｙ締め切り」は、「Ｙｏｕｒ締め切り」よりも1日以上前に設定してください。これは他人とではなく自分と交わす約束です。**

次に、「Ｍｙ締め切り」までに仕事を終わらせるには、どれくらい時間が必要かを見積ります。このとき気をつけたいのは、全部で2日間かかる仕事だと思っても、余裕を持って時間を確保することです。定型業務や慣れた仕事なら1・5倍の3日間ほど、アイデアを出すなどあれこれ考えたり、はじめての仕事なら、少なくとも2倍の4日間くらいは見ておきましょう。となると着手日がおのずとわかり、遅くとも「Ｍｙ締め切り」の3日前や4日前に取りかかろうと計画を立てられますね。

計画を立てたら、忘れないようにスケジュール帳に書きましょう。書いてほしいのは全部で4つあります。ひとつ目は「Ｙｏｕｒ締め切り」、つまり本来の締め切りです。2つ目は「Ｍｙ締め切り」、3つ目は着手する日、4つ目は処理をする予定のすべての日に「○○をやる」とタスクとして書き入れることです。

このとき小さく黒字で書くと、あとで見落とす心配もあるので、2つの締め切りは赤色で書くとか、マーカーで目立たせるとか視覚に訴える工夫をしましょう。

そうやって**納期逆算で計画を立てると、遅延はなくせます。前倒しで仕事を進めると、慌てることなく落ち着いて取りかかれて、見直しや修正する時間を持てます。**また、**予想外のことが起きたとしても納期を守れます。**

本来の締め切り日には、すでに仕事を手放しているので暇になっているはずです。段取りのおかげで生み出した時間を次の仕事に充てるなどして、主体的に仕事に取り組みましょう。もう締め切りに追われることなく、先手で仕掛ける習慣を身につけるのです。

立場を変えて、あなたが誰かに仕事を頼むときを想像してみてください。「はたして締め切りに間に合うのかな」「遅れるのではないか」などとハラハラしながら待つことはありませんか？　段取りが良い人は、そんな相手の気持ちや不安を察知して、締め切りよりも前に届けて安心させます。

一方、段取りが悪い人は本来の締め切りしか予定に書きません。間に合わせればいいんでしょと、のんびり構えていて、「まだ3日も先だし」と放っておきます。するとだんだん納期が迫り、前日や当日になって慌ててやることに。

たとえ締め切りに間に合ったとしても、修正や見直しをすっ飛ばすので品質は劣ります。逆に品質を上げようとすると今度は納期に遅れてしまうのです。

段取りが良い人は2つの締め切りで管理します。その理由は前倒しで仕事に取りかかり、余裕を持って対処できるからです。進捗管理がうまくいき、納期よりも前に提出できて、品質も良く相手を満足させることができます。あなたもぜひ「My締め切り」を作ってみてください。

16 段取りが良い人は、本当の締め切りの前に自分だけの締め切りを設定する！

17 段取りが良い人は時間と仕事の相性を考え、段取りが悪い人は無頓着。

脳の働きや体内リズムは、1日を通して同じではありません。そのため同じ仕事であっても、時間帯によって、はかどることもあれば、ダラダラ続けてしまうこともあります。9時から18時まで働くとしたら、お昼休憩を含めて9時間あるので、3時間ずつ3つの時間帯に分けます。それぞれに相性の良い仕事があるので、参考にしてください。

まずは、**9〜12時**です。これは、**集中タイム**と名づけました。

朝デスクに座ると、業務のはじまりはメールチェックからという人も多いはず。ですが、パソコンに触るとメールやネット検索など、あっという間に時間が過ぎていきます。電話や来客の少ない貴重な午前中を「軽度な作業」に充ててはもったいないと思います。午前中に重たい仕事をこなして、午後は軽微な定型業務をこなす。この流れを習慣にすると、成果の高い1日となるでしょう。

午前中は頭が冴えていて、オフィスが静かなことが多いので、考える仕事に向いていています。**本来業務**（07項参照）**のほか、ビジネス文書を作成したり、企画を立てたり、判断を下す仕事などを入れましょう。**

集中タイムは自分との闘いです。そのため、できるだけ割り込み仕事や周囲の雑音を遮断するといいでしょう。

私はいろいろ試した結果、パソコンとスマホのメール受信音をオフにしました。また、デスクワークをするときはメーラーを立ち上げず、メールの受信に気づかない環境にしています。スマホは身につけたりデスクに置かず、視界に入らないところに置いたりしまったりしています。

続いて**12～15時**は、**コミュニケーションタイム**と名づけました。

もちろんお昼休憩はしっかり取りましょう。忙しいからとランチの時間を惜しんで、一人デスクで菓子パンをかじって済ませる人もいますが、栄養不足では脳も働きませんので、席を立って食事に行くなり気分転換するなりしてはいかがでしょうか。

また、早帰りやワークライフバランスが推奨され、職場のノミュニケーションがめっきり減った昨今、週1回いえ月1回でもいいのでメンバーとランチを取り、人間関係を作っておくのも効率上効果的な方法だと思います。

ランチのあとは、お腹いっぱいで眠気が襲ってくるため、一人デスクに座るとウトウトしてしまい、作業効率が下がりかねません。ですからコミュニケーションタイムにして**人と話したり、外へ移動したり、力仕事をして体を動かしましょう。**客先訪問や打ち合わせ、会議などがあれば積極的に入れてください。

最後に**15~18時**は、**ルーティンタイム**と名づけました。

この時間帯は**定型業務や雑務、マニュアルどおりに進める作業などが向いています。**なぜかというと帰る時間に向けてカウントダウンさながら、スピード感を持って取り組めるからです。疲れが出る頃ですが、「早く帰りたい」気持ちが高まり、もうひと踏ん張りできるので、頭と手を動かす仕事にシフトしてはいかがでしょうか。

段取りが悪い人は、時間と仕事に相性があることに考えが及びません。

定型業務を午前中からはじめて、「定時まで時間はたっぷりあるさ」とのんびり構えて午後になる。このパターンだとダラダラ病になりかねません。

また、上司から頼まれた大事な仕事を先送りしてしまい、催促されると蕎麦《そば》屋の出前のごとく、「ちょうど今やろうとしていました」と焦ることに。忍法後回しの術は得意なので、明日やろう、来週やろうと先送りすると、やるやる詐欺になってしまいます。その結果、成果が上がらない人のレッテルを貼られたら困りますね。

もちろん都合によって打ち合わせが午前中に入ることもあれば、考える仕事を夕方にすることもありますが、時間と業務の相性を知っておいて損はありません。

17 段取りが良い人は、仕事の性質を考えて取り組む時間帯を決める！

18 段取りが良い人はスキマを埋め、段取りが悪い人はスキマを空ける。

ちょっとしたスキマ時間や待ち時間に、あなたは何をしていますか？

たまにはボーッとするのもいいですが、段取りが良い人はちょっとした時間をムダにしません。

スキマ時間にできることはたくさんありますが、**5分間あれば手帳やスケジューラーで予定を確認するのがおすすめです。**手帳に締め切りを書いたとしても、スケジューラーにタスクを洗い出しても、見なければ忘れてしまいます。1日に何度も見返してください。

ただ、いくら計画を立てても予定どおりにいくとは限りません。割り込み仕事はあって当然ですから、そのときには計画を練り直しましょう。

ほかには、短時間でできる定型業務を終わらせる手もあります。

例えば、メールをチェックしたり返信したりする、経費精算をする、コピーやスキャンをする、不要な書類をシュレッダーにかける、社内イントラネットを閲覧する、回覧物を読むなどです。

また、作り終えた書類や文章は、時間をおいてから見直すと、誤字脱字やおかしな点に気づきやすいです。書類は作るときよりもチェックするときのほうがラクなので、スキマ時間に済ませてしまいましょう。

次の仕事がしやすいように環境をととのえるのも効果的です。デスクの片づけ、パソコンのデスクトップから不要なファイルを消す、プチ掃除、ファイリング、宛名シールを作るなども積極的にしてください。

上司や同僚と報告・連絡・相談する時間に充てるのもいいですね。メールばかりでなく、口頭で確認し合うと短時間で意思疎通を図れます。

仕事ばかりではありません。休憩やリフレッシュタイムを取ることも大切です。席を立つ、体を動かす、コーヒーを飲む、お菓子を食べる、雑談するなどの時間も意識して取りましょう。15分程度の昼寝も効果的だと言われます。

スキマ時間にやりたいことを思いついたら、付せんに書き出しておきましょう。

付せんは好きなところに貼れたり、貼り直したりできるのがメリット。パソコンやデスク、手帳やカレンダーやTODOリスト、ノートなど、貼る場所はあなた次第です。

少しもったいない気もしますが、ケチらずに使い、1枚につきひとつずつタスクを書き出してみてください。そのときはやることだけでなく、時間も書いておくのがコツです。

「3分　幹事に忘年会の会費5千円を払う」「5分　○○の書類をシュレッダーにかける」「10分　後輩の○○さんの質問に答える」といった具合です。

上司に書類を見ていただく待ち時間や、会議がはじまる5分前に着席して手持ちぶさたなとき、気分転換したいときなど、スキマ時間に見合うものをその中からひとつ選ぶと、すぐ取りかかれます。

さて、07項で仕事を4つに分類する方法をお伝えしましたが、そのうち**「雑件」に当たるものは、スキマ時間にこなすのがおすすめです。**

仕事中に思いがけずスキマ時間が5分できたとき、食事会の幹事になっていたので、ネットでレストランを探して候補のお店を見つける。5分経ったので途中で止めて本来業務（07項参照）に取りかかり、またスキマ時間が5分できたときに、お店に予約を入れて一件落着。

このように段取りが良い人はスキマ時間を利用して、雑件を片づけてしまいます。一度にやり切ろうとすると時間がかかるのなら、何度かに分けるのも作戦のひとつ。仕事に支障をきたさない程度に済ませるのがコツです。一方、段取りが悪い人は、雑件なのに本来業務そっちのけでのめり込み、時間をいくらでも使ってしまいます。

なお、**書いたものの、いつまでも処理しない付せんがあるかもしれません。それは、やらなくても支障のないこと、必要でないことの可能性が高いです。**

テレビ番組を録画したのに、一向に観ないままということはありませんか？　それと同じで、本当はやらなくてもいいムダなものに気づくかもしれません。スキマ時間や待ち時間を有効に使って、サクサクと仕事を片づけましょう。

18 段取りが良い人は、スキマ時間にやることを決めている！

19

段取りが良い人は自分にアポを取り、段取りが悪い人は他人とアポを取る。

スケジュール管理をする目的は、予定をすっぽかさないためだけではありません。時間を有効に使い、生産性を高めるためです。

段取りが悪い人は、他人との約束を反故にしないためにスケジュールを管理します。手帳には、客先訪問やら社内会議やらアポイントメントがぎっしりと埋め込まれている人もいますが、そうなるとデスクにいる時間はほとんどありません。ただ、出かけてばかりで自分の時間を持てないと、仕事はうまく回りませんね。では、どうしたらいいのでしょう。

段取りが良い人は、自分の時間を最初に確保します。 やり方は簡単、自分とアポイントメントを交わせばいいのです。

営業職を例にすると、仕事を1件成約するには、お客様とメールでやりとりしたり、プレゼンの資料を作ったりして準備が必要です。それなのに毎日朝から夕方まで出歩いていたら、デスクワークをする時間が取れません。そこで、あらかじめ時間を確保します。具体的な日時を決めて手帳やスケジューラーに書き込み、そこには他人との予定を入れないようにブロックします。火急の用件でない他人とのアポイントメントは、空いているところで調整してください。

なお、お客様と交わした約束は、自分から変更しないのがマナーです。その点、自分とのアポイントメントならば変更は可能です。

今日の午後にデスクワークをするつもりが、お客様から急ぎの相談を受けた場合、当然ながらお客様対応を先にして自分の仕事を後回しにします。

段取りが悪い人は、何かあるたびに自分の仕事をどんどん遅らせてしまいます。そのまま放っておいて納期直前にようやく気づき、緊急な仕事が増えていきます。

段取りが良い人になるには、**自分の仕事が予定どおりできなければ、必ずほかの日時に振り替えてください。忘れないよう手帳やスケジューラーに記録し、再び予約しておきましょう。**ただし、遅らせれば遅らせるほど期限が近づくので、十分な時間が取れずに自分の首を絞めることになりかねませんから、できるだけ近い日時に振り替えるのがポイントです。そして投入する時間は当初の予定どおり、しっかりと確保してください。

ところで、ムダ・ムリ・ムラをなくすことを効率化と言います。

1時間でできることを2時間かけるのはムダ、1時間かかる仕事を30分でやるのはムリ、日によって70分かかったり90分かかったりするのがムラです。投入する時間が1時間だとしたら、1時間で終わらせるのが効率的な仕事のやり方です。

スケジュール管理においても、ムダ・ムリ・ムラをなくすことを念頭に置いてみてください。

① **ムダ**……投入する時間は適切か。不要なアポイントメントがないだろうか。わざわざ足を運ぶべきなのか。メールや電話に変えられないか。

② **ムリ**……仕事量を詰め込みすぎていないか。一人で抱えていないか。本当に定時に帰れるのか。

③ **ムラ**……帰社時間が早い日と残業する日に二極化していないか。毎日同じくらいの仕事量か。体力や気分のムラをなくし、一定の成果を上げるにはどうしたらいいか。

ビジネスパーソンは元気で長く働けることが大切です。

お笑い芸人や歌手には一発屋と呼ばれる人たちがいて、彼らの収入は一時的にグーンと増えますが、ビジネスパーソンはそうはいきません。それに張り切りすぎては長持ちしませんので、ムダ・ムリ・ムラをなくすようスケジュールで調整してください。

どんな組織であれ、繁忙期と閑散期はあることでしょう。平準化するには、繁忙期の仕事の一部を閑散期に移したり、繁忙期の仕事がラクになるように前もって準備しておくといいでしょう。閑散期の8月を片づけ月間にしている企業もあるくらいです。

スケジュール管理の達人になって、自分で自分の仕事をラクにしましょう。

19 段取りが良い人は、自分が没頭したい仕事の時間を優先的に確保しておく！

20

段取りが良い人はがんばらず、段取りが悪い人は全力投球する。

見出しを読んで、あれ、反対じゃないのと思った方がきっといると思います。いいえ、間違えていませんよ。仕事は毎日がんばらなくていいのです。

スケジュールを1日単位で考えると、予定どおりにいく日もあれば、割り込み仕事に翻弄されて終わる日もあります。気分や体調が優れず、パフォーマンスが上がらない日だってあるでしょう。

そこでおすすめするのは、1週間をひとまとまりにとらえてスケジュール管理する方法。名づけて「1週間リセット術」です。やり方を説明します。

平日の月曜から金曜までは5日間あり、それぞれ午前と午後に分けると5日間×2＝10の時間帯に分かれます。はじまりは月曜の午前、終わりは金曜の午後ということです。ただし、予定を組み入れるのは8つの時間帯におさえて、2つの時間帯は空けておきます。

空けるのは、月曜日の午前中と金曜日の午後。つまり、はじまりと終わりです。

がんばりやの人は、毎日予定をこれでもかとめいっぱい詰め込む傾向にあります。そもそも時間に対して、やることの量が多いと、終わるまで残業するか、中途半端なまま帰るか、どちらかです。いずれにせよ成果がいまいちになってはもったいないので、予定は8割におさえてしまう。そのためには、予定を入れない時間帯を作ればいいのです。

では質問。月曜日の朝、あなたは職場に行くのが楽しみですか？　それとも憂鬱ですか？　普通は憂鬱ではないでしょうか。月曜の朝、都心ではいつもの通勤ラッシュに加えて、電車の事故による遅延や運転見合わせが起こりやすく、イライラした乗客同士が喧嘩している光景も見かけます。

そんな月曜の午前中は、ほかの曜日と比べて心臓にかかる負荷が高まっている、という興味深い記事を読みました。

旭労災病院の研究チームによると、月曜の午前中は労働者の心筋梗塞や脳卒中の発症が多いとされており、木村玄次郎病院長は、「心疾患などを減らすためには、月曜の仕事量を減らすべきだ」と提唱しています（日本経済新聞　２０１７年5月9日夕刊）。

正直、月曜から飛ばしすぎては金曜までもたないので、ペース配分が大切です。月曜はウォーミングアップ、水曜あたりにピークをもってきて、金曜は疲れも出ているので早めに退勤。**実稼働する日を火曜・水曜・木曜の3日間に限定し、月曜と金曜は半日分の仕事量におさえる。**そうすることで、がんばりすぎずに1週間を乗り切れるのではないかと考えています。

では、予定を入れない月曜の午前中と金曜の午後はどうしたらいいでしょう。

ぜひ「タスクの片づけ」に充ててください。デスクの片づけでなく、タスクの片づけです。

月曜の午前中は、前の週にできなかったこと、つまり繰り越したことをやりましょう。金曜の午後は今週やりたかったけれど、できなかったことをします。それでも金曜日中に終わらなければムリをして残業せず、来週月曜日の午前中に時間は取ってあるのだと気持ちをラクにして帰りましょう。

1週間単位で仕事と気持ちをリセットすると、週末をリラックスして過ごせますし、新たな気持ちで来週をスタートさせることができるでしょう。

ただし、予備の時間は無限ではありません。制限時間は決まっているので半日で処理をするにはどうしたらいいかを考え、改めて計画を立ててから取り組んでください。

1週間リセット術をはじめるときは、手帳かスマホ・パソコンのスケジューラーを使ってください。

思い切って月曜日の午前中と、金曜日の午後は斜線を引くなどして、予定を入れないようにしてみましょう。

ちなみに、手帳ならウィークリーのページがあるものがおすすめで、私は時間軸の入っているバーチカルタイプを愛用しています。1週間分の予定を可視化でき、書き込む欄がたっぷりあるので重宝しますよ。

20 段取りが良い人は、めいっぱい予定を組まず、予備日を確保しておく!

21

段取りが良い人は間隔を決め、段取りが悪い人は感覚で決める。

私たちは仕事でも私生活でもたくさんやることを抱えていて、それをいつするかを考えたり、他人と日時を調整したりします。つまり、スケジュール管理に費やす時間は意外と多いのです。

私は「もっと簡単に予定を組めないだろうか?」と常々感じていたのですが、あるとき思いついたのが「頻度を決める」方法です。

「頻度」とは、あることを繰り返す度合いのことですね。例えば、ビジネスパーソンの多くは1週間のうち平日5日働き、土日と祝日は休みます。それをもとに、いちいち考えずとも今日は出勤日なのかどうかがすぐわかります。

「頻度を決める」とは、繰り返す事柄があれば、1週間に1回や3カ月に1回など、あらかじめ回数を決めてしまうやり方です。

話は変わりますが、電車で通勤する方は、会社から通勤交通費が支給され、自分で定期券を購入するのではないでしょうか。私の家族は定期券の使用期限が切れていることに気づかず、しばらく使ってしまいました。気づいたときにはすでに遅し。オートチャージ式のＩＣカードだったので、冷や汗が出るほどの金額が自動的に引き落とされていたのです。これを機にデジタルのスケジューラーに定期券を購入する予定日を入れて、うっかり忘れをなくすようにしました。

パソコンやスマホのスケジューラーは、繰り返す予定があるときに大変便利です。**グーグルカレンダーにはリマインダー機能があり、毎週金曜日や、毎月第2金曜日などはもちろん、カスタマイズすれば自分なりの間隔で、お知らせしてくれます。**

例えば、4月7日に「定期券購入」の予定を入れて、6カ月ごとに設定すると、10月7日、来年の4月7日というように、手入力せずとも自動的に未来の予定が瞬時に入ります。髪をカットする日も、間隔を決めておくと予定を立てやすくなりますね。

リマインダーが自分を後押ししてくれることもあります。

毎年、会社や部門の方針に沿って個々人の目標設定をし、達成度によって勤務評定される方は多いでしょう。目標設定をしたあと、上司との面談が約1年後にあるなら、その日までに成果を出したいですね。

そこで進捗を管理するためにリマインダーを利用してはいかがでしょうか。

例えば、目標達成に向けた振り返りを月1度やると決めたら、頻度を入力しておくだけで、定期的に忘れることなくリマインダーが知らせてくれます。毎月の応当日は振り返りをして、上司に進捗と成果を報告し、アドバイスをもらうのを習慣にすれば、1年後は正々堂々と成果披露ができますね。

効率化にも「頻度式」は有効です。

○○ペイはおなじみで、スマホで支払いができるようになりましたが、現金を1円も持たないのでは、やはり生活しにくいものです。

会社員の頃の私は、お財布の現金が寂しくなると都度ATMへ出向きました。飲みにいく前に1万円とか2万円とか少しずつおろすためです。

ただ、給料日は長蛇の列になり、順番が来るまでボーッと待つしかありません。ある日、待ち時間がもったいないぞと気づいてからは、ＡＴＭが空いている日に、ひと月分の生活費をまとめておろす方法に変えました。月に数回から一度に引き出すのを減らしただけで、とてもラクになれたのです。おまけに出費を予算内に収められました。

職場の会議が多いなら、試しに定例会議の頻度を下げるのも一案です。月1回開催を2カ月に1回に減らし、支障がなければ3カ月に1回、半年に1回というように減らしてみる。間隔や頻度でスケジュール管理すると、簡単な上、効果を実感できるのでぜひ取り入れてみてください。

21 段取りが良い人は、仕事の周期を明確にする！

第4章

コミュニケーション編

22 段取りが良い人は希望を伝え、段取りが悪い人は言いなりになる。

優先順位は、自分の仕事の段取りをととのえるだけでなく、いろいろなシーンで使えます。巧みに用いると、仕事がスイスイはかどります。

例えば、客先訪問の日時を決めるとき。

お客様の都合を優先するのがマナーだからといって、「こちらはいつでもいいです」と丸投げするのは考えもの。でも、お互いに遠慮し合っていたら、やりとりの回数は増える一方なので一発で決めたいものです。

このようなケースでは、こちらから3つほどの候補日時を提示して選んでもらう方法があります。このときは1日（月）15時〜16時、3日（水）14時〜15時、4日（木）13時〜14時のように、日付順に候補日を並べるのが定番かもしれません。ただ、3日間のうち、どれでもいいわけではなく、「できれば最後に挙げた4日にしてほしいな」と願うなら、**日付順にせず、希望順に並べるべきです。**例をご覧ください。

第1希望　○月4日（木曜日）13時〜14時
第2希望　○月3日（水曜日）14時〜15時
第3希望　○月1日（月曜日）15時〜16時

仕事をいただく側が、第1希望などと書くのは失礼だという意見もあるでしょうが、日付順にするか、希望順にするか、並べ方を入れ替えただけなので、迷惑をかけるわけではありません。心配ならば、クッション言葉の「勝手を申しますが」「こちらの都合で恐縮ですが」の前置きをすれば気持ちが伝わることでしょう。

箇条書きでなく丁寧な文章にしたいなら、それとなく希望する順に書いてみてください。「こちらの都合で勝手ながら、○月4日（木曜日）13時〜14時はいかがでしょうか。難しい場合には、○月3日（水曜日）14時〜15時でも結構です。2日間ともご都合が悪ければ、○月1日（月曜日）15時〜16時も調整可能ですので遠慮なくお知らせください」。こうすれば、読み手は「そうか。4日が希望らしい」と察するでしょう。

第1希望の日はほかにも数件のアポイントが入っており、1日にまとめて要領良く動けるのなら、時間とお金の節約になります。お客様はこちらの事情を知らなくても、3日間とも空いていたら、第1希望を指定してくれるでしょう。言わないで損をするくらいなら、少しの勇気を持って言ってみるが勝ちです。

ちなみに、成績の良い営業職の方を見ていると、何でもかんでもお客様の言いなりにはなりません。与える印象は感じが良いのに、言うべきことはビシッと伝え、いつの間にか主導権を握っているかのようです。

彼らは、はじめてのお客様には、次のような質問を投げかけることがあります。「ご連絡するときは電話がよろしいですか、それともメールにしましょうか」。そして相手がメールを希望したとしても、万が一の場合に備えて「至急の場合はお電話をかけても問題ありませんか」と尋ねます。「はい」と了解を取ったら「職場かご自宅、もしくは携帯電話のうち、どちらにかけたらよろしいでしょうか」などと選択肢を挙げて、希望する連絡手段に順位をつけます。さらに時間帯の希望も把握します。

このように**段取りが良い人は、何かと順位をつけるので、いざとなってから「どうしよう」と困ることなく、いついかなるときも最適な選択ができるわけです。**

一方、段取りが悪い営業職は、何事も後手に回りやすく、そのうち取引先やお客様に主導権を握られてしまいます。先方の都合で呼び出されたり、こまごまとした対応に追われたりして他人に振り回されていては、忙しいのに成果がいまひとつという結果になりかねないのです。

順位をつけると、どれにしようかと都度迷うことなく、瞬時に正しい選択ができるようになります。効率化とスピードアップが叶い、段取りが良くなるので、ぜひお試しください。

22

段取りが良い人は、自分の優先順位を相手に伝え、相手の優先順位も確認する！

23 段取りが良い人は他人の予定を押さえ、段取りが悪い人は自分の予定を押さえる。

自分のスケジュールは完璧に管理しているつもり。そうです。読者の皆さんなら、スケジュール帳に書くのは当たり前のことかもしれません。

では質問。上司や同僚、取引先やお客様の予定はバッチリ把握していますか?

段取りが悪い人は、自分の予定しか押さえていません。なぜなら仕事には次の工程があることに考えが及ばず、納期に間に合わせればいいと思っているからです。そうなると、例えば上司にハンコをもらいたいときはどうでしょう。上司がいつも席にいるとは限りませんから、「あれっ? 席にいない。今日は外出したまま席に戻らないなんて知らなかった。どうしよう~」と冷や汗をかくことに。

このように**自分のスケジュールだけで動くと、相手の協力を得ることが難しく、段取りは悪くなる一方です。**

段取りが良い人は、相手にも予定や都合があることをわかっています。そのため職場の人の予定は、共有スケジューラーなどでチェックすることを欠かしません。社外の人に仕事をお願いするときは、「ご都合はいかがですか。ご不在の日やお休みの予定はありますか」などと、具体的な予定をさりげなく確認します。

そして相手の予定をスケジュール帳に記録します。**相手に不在の日があれば、当日は仕事を頼めないので、遅くとも前日までにお願いごとを済ませようと、前倒しで計画します。**

そうやって日頃から周りをよく見ていれば、グッドタイミングを推し量れるようになります。相手に時間と気持ちの余裕があるのを見計らって連絡を入れたり仕事を頼んだりすると、相手も快く受け入れてくれるので、お互いの仕事がはかどり、段取りが良くなります。

30歳くらいのとき、総務部にいた私は、社内のデスクで仕事をする日がほとんどでした。外出したり、ましてや出張することは滅多にありません。

一方、上司は席にいないことが多く、各地に出張して多忙を極めていました。部下たるもの、留守番役として上司の予定を把握しておかなければならないのに、実はスケジュールを知らぬまま仕事をしていた時期があります。上司宛にかかってきた電話を受けると、どこに行っているのか、いつまで不在なのかを答えられないことがあったのです。

出張中だよ、と同僚に教えてもらっても、私は何かあると上司にじゃんじゃんメールを送りつけて、「ほかの部署に提出する書類の締め切りは今日なので、至急見てください」と頼んだり、「メールを読んでくれましたか?」と携帯電話に催促の留守電を残したりしていました。今となっては、自分がされたらつくづく嫌だな、と深く反省しています。

また、あなたがどなたかに仕事をお願いしたり、発注したりすることもあるでしょう。そのとき指示やお願いをしたままでは、相手の進捗状況が確認できず、締め切りや納期になって仕事があがってこないだとか、相手が忘れていたという結果につながりかねません。

こちらがきちんと段取りを組んでいても、相手によっては納期を守ってくれなかったり、期待と違う仕事をしてきて、やり直しや修正が必要になったりして時間を取られてしまいます。何より責任はあなたが取ることになるのです。

そのような**リスクを回避するには、ちょこちょこと相手と連絡を取り、進捗状況を確認**

することです。ただ、相手が目上の人ですと、なかなか言い出せないということもあるでしょうから、次のようにさりげなく尋ねるのはいかがでしょうか。

「先日は○○の件を快く引き受けてくださりありがとうございました。私どもの依頼がご負担になっているのではないかと案じております。進捗を含めて状況をお伺いできれば幸いです」

「○月○日までにと、こちらの都合でお願いをしておりますが、その後の進み具合はいかがでしょうか。私どもでお手伝いできることがありましたら、遠慮なくお申しつけください」

このように思いやりをベースに連絡を入れれば、きっと返事をもらえることでしょう。

仕事は指示する側と指示を受ける側、発注する側と受注する側に分かれますが、上下関係でなく、ビジネスパートナーとして力を合わせるのだという気持ちでいてください。そのときは自分だけでなく、相手の予定も押さえると段取り上手になれるでしょう。

23 段取りが良い人は、相手の予定を確認した上でスケジュールを組む!

24 段取りが良い人はこまめに止まり、段取りが悪い人は突っ走る。

仕事は指示にはじまり、報告に終わります。ただし、終わってから報告するだけでは、うまくいかない仕事もあります。

「この書類を1部コピーして」だとか「悪いけどコーヒーを買ってきてくれる？」という軽いお願いごとを引き受けたなら、「コピーしました」「買ってきました」の終了報告だけで十分。

一方、数時間から数日間かかる仕事ならば、途中で報告や確認をするのが段取りが良い人のやり方です。作業工程のいくつかのポイントで、指示をした上司や相手に進行中の書類などを見せて、イメージと合っているか、このまま進めていいのかを確認しましょう。

作業工程のいくつかのポイントとは、**仕事をはじめて2割くらい進んだタイミングで1回目の確認を取るといいでしょう。**5割済んだところで中間報告せよ、と教える人もいますが、段取りのためには2割をおすすめします。もしやり直しになったら、早ければ早いほど労力と時間がムダにならないからです。

「ここまで進みましたが、いかがでしょうか」と確認し、「その調子で進めてよ」とGOサインをもらったら、安心して作業を再開しましょう。**2回目は5割くらい、3回目は7〜8割くらい済んだ時点で、というようにこまめに確認を取るとうまくいきます。**

進捗具合に限らず、すぐに報告したり確認を取るべきこともあります。それは、計画どおりに進まなくなったとき、状況が変わったとき、自分では判断できないときです。とくにミスをしたり、悪い話があったりしたら、真っ先に報告してください。傷口が浅いうちになんとかするほうがラクだからです。

このように段取りが良い人は仕事を引き受けるとき、途中で何度か確認を取りながら進めます。ですから誤解があれば気づくのが早く、手戻りややり直しがありません。指示した人との意思疎通は万全で、たとえ口頭でわかりにくい指示を受けても、文字や図で見える化してお互いの認識に間違いやズレがないことを確認してから先へと進めます。その結果、一発でOKが出て、最短最速で期待どおりの仕事を仕上げることができるのです。

一方、**段取りが悪い人は確認を取らずに、一人で黙々と作業を進めます。自分の理解は正しいんだと思い込み、できるだけ早く仕上げようと突っ走ります。**わからないことがあってもいちいち聞かず、自己判断で切り抜けようとします。

その結果、「できました〜」と上司や相手に仕事を提出すると、「頼んだことと違うよ」だとか「イメージと合っていないんだけど」などと一蹴されて、やり直しを命じられてしまうのです。その仕事に費やした時間がムダとなり、丸ごとやり直せば2倍の時間を使うことになります。

そんなとき、口先では謝るものの、内心では「指示の仕方が悪いんだよ」と相手のせいにし、上司や相手にしてみれば「理解が悪い奴だな」「わからなければ途中で確認すればいいのに」と感じ、人間関係までギクシャクしそうです。

私はこれまで、マンガ家の先生たちと仕事をする機会が何度かありました。出版社からマンガ版のビジネス書の制作や機内誌の連載を頼まれたからです。進め方は、こちらがネタや解説文を編集部に送ると、しばらくしてネームと呼ばれる紙面が送られてきます。ネームはマンガのストーリーに仕立ててありますが、絵は下書きのようなおおまかなもの。人の顔は目も口もない、のっぺらぼうのようです。それをこちらで確認して「このまま進めてください」と返事をしてから、マンガ家の先生は本格的に絵を作り込んでいきます。

イラストやマンガを描くのは繊細な作業なので、仕上げてから修正するとなると大変な労力がかかるとのこと。やはりこまめに確認を取ってから次の工程に移るのが段取り上手なやり方ですね。基本的に1回目の確認はネーム、2回目の確認は完成したもの、3回目の確認は本を印刷する前、そのほか編集者の方は必要に応じて確認を取ってくれるので、短時間でスムーズに仕事が進んでいます。

あなたも作業工程のいくつかのポイントで上司や相手に確認を取りましょう。こまめにすり合わせると、やり直しや手戻りがなくなります。よってムダなく手早く効率的に仕事が進むので、段取り上手になれますよ。

24 段取りが良い人は、間違った方向へ行かないように確認を取りながら進める！

25 段取りが良い人は甘え、段取りが悪い人は自立する。

「一人で仕事を抱え込んでしまい、なかなか早帰りできません」という悩みを相談されることがあります。あなたはいかがでしょうか？　次のリストのうち、いくつ当てはまるかチェックしてみてください。

□お先に失礼します、が言いづらい
□頼まれたら断れない性格だ
□相手の顔色をうかがうことが多い
□忙しそうな人には話しかけないようにしている
□会議のとき、必要数より余分に資料をコピーする
□反対意見を言うのが苦手だ

６つのうち３つ以上当てはまったら、抱え込み症候群の可能性があります。相手を気づかうあまり、仕事を抱え込んではいませんか？　**何でもかんでも一人でやろうとすると、段取りが悪い人になってしまいます。**協力を求めることも段取りのうちと心得てください。

保険会社で人事部や総務部にいた頃、季節ごとに集中して行う業務がありました。研修の準備や人事異動に伴う諸手続き、年末調整の書類チェックなどです。皆さんも経験があるでしょうが、量の多い作業を全部一人でこなそうとしたら非効率。時間がいくらあっても足りず、猫の手も借りたくなります。それならば猫の手、そうです。猫はいなくてもチームのメンバーに手伝ってもらえばいいのです。

とくにみんなでやれば早く終わる仕事には、単純作業や定型的な事務処理、会場の設営やイベントの準備などがあります。もしあなたがそのような仕事の主担当になったなら、どんどんメンバーに手伝ってもらいましょう。

人を巻き込むのは効率化のためだけではありません。

各職場で属人化が問題になっています。自分は自分、人は人。縦割りで同僚が何をやっているのかわからない。このような状態では担当者が不在だったり、異動や退職があったりしたときにチームは回らなくなりますし、休みも取りにくくなってしまうでしょう。

属人化の反対語は標準化です。自分の担当業務は抱え込まず、誰がやっても同じレベルの仕事ができるようにしておきましょう。

協力してもらうには、相手の負担を軽くするのがコツです。わかりやすく流れを説明したり、簡易版のマニュアルを作っておくこと。もしわからないことがあったら、すぐに質問してもらうのも大切なことです。


以前いた職場で甘え上手な後輩がいました。彼女は上司や年上の先輩社員たちに臆することなく、頼みたいことをハッキリ伝えるのです。当時みんなを巻き込むのが苦手だった私は、後輩社員の勇敢な姿に惚れ惚れしていたのを覚えています。

このように若手社員が、はるか年上の方に仕事をお願いするのも任務のうちです。またリーダーや管理職になると、人を巻き込んで動かす力が求められます。ですから、**あなたが今の仕事に慣れたら、その仕事を手放すことを次の目標にしてみてください。**

人を育て、その人が早期戦力化したなら組織にとってありがたいこと。あなたの評価もアップしますし、ほかの仕事にチャレンジできますよ。

お願いするときは、対等な関係でビジネスライクに伝えましょう。モジモジと遠慮しすぎては相手が優位に立ち、自分は劣位になってしまいます。一緒に働く人は友達でなくビジネスパートナーであり、目的は協力して結果を出すことです。

ただし、相手の都合を聞かず、一方的に指示や命令をすると、上から物申す印象を与え、協力してもらえないかもしれません。不遜な態度を取るとチームワークを乱すので、マナーをもって接しましょう。敬語を使う、働き方や給料の違いを理解するといった気づかいをして、正々堂々と甘え上手になってください。

25 段取りが良い人は、自分の不得意なことや誰でもできることを他の人に振る!

26 段取りが良い人は社内の人と円滑に仕事をし、段取りが悪い人は行き当たりばったり。

社外の仕事と社内の仕事が同時にあったら、基本的には社外の仕事を優先しましょう、と10項でお伝えしました。では、社内の仕事が複数あったときはどうしましょう。

もし職場にいる人たちから次々と指示が飛んできたら、指示の内容にもよりますが、誰の指示かによって決める方法もあります。そのとき優先すべきなのは上位者の指示です。

組織では、管理したり、監督したりする地位にある人がいます。組織によって名称は異なりますが、トップに社長、次に役員がいて、部長や課長、係長などと続くのが一般的でしょう。

通常、指示は上位者から下位者へ出されるものなので、担当者と役職者の2名から指示があれば、**役職のついた人から受けた指示を優先する。**もし役職者同士、部長と課長の2名から指示があれば、役職が上、つまり部長の指示を優先するのが、ひとつの目安となります。さらに社長から頼まれたことがあれば、社長の指示が最優先です。

とはいえ気をつけてほしいことがあります。組織は大きくなればなるほど部署や拠点が増えたりして指示系統が複雑になりますが、あなたが報告・連絡・相談する相手は基本的に直属上司ということです。

ある日役員からメールが届いて、「〇〇の案件を君にお願いしたい」と仕事を頼まれたとしましょう。役員はどうやらあなたの評判を聞きつけて、いてもたってもいられず大事な仕事を任せたくなり、抜擢したもようです。

そのとき、受信したメールのCCに直属上司（ここでは課長としましょう）のアドレスが入っていれば問題ありませんが、課長が知らないまま役員とあなたの2人だけで話が進んでしまったら問題です。すぐさま「役員の〇〇さんから、このようなメールが届きました」と課長に報告するのは部下の義務なのです。

直属上司を通さずに独断で進めたら、「なんで私に教えてくれなかったのか」と立腹されるのは目に見えていますね。上司のプライドは丸つぶれですし、恥をかかせてしまいます。上司をカチンとさせると、あなたが損をしますから、そうならないよう直属上司の存在を常に意識してください。大事なことは上司の耳に入れ、報告・連絡・相談を励行すれば間違いありません。

また、職制による指示命令系統もあります。総合職と一般職・業務職が仕事をするときは、総合職から一般職・業務職に指示が出て、正規社員と非正規社員が仕事をするときは、正規社員から非正規社員に指示が出ます。組織では年齢や社歴に関係なく、役割分担として指示を出したり受けたりすることがあります。

縦のラインだけでなく横のつながりについても考えてみます。自分の部署の仕事と、ほかの部署から頼まれた仕事が同時にあったら、どちらを優先すべきでしょうか。

組織にはライン部門または直接部門と呼ばれるものと、スタッフ部門または間接部門と呼ばれるものがあります。ライン部門または直接部門は売り上げに直結する生産や営業、購買などを指し、スタッフ部門または間接部門は、それを補佐する管理部門の人事や総務、経理などを指します。

社内の部署に優劣はありませんが、やはり**現場や第一線で、お客様と接する社員の仕事がはかどるよう、管理部門はサポートやフォローに回りたいものです。**直接関わらなくてもエンドユーザーの存在を常に意識しましょう。

段取りが悪い人は、仕事が増えたら嫌なので、担当業務を縦割りでとらえています。ほかの部署から頼まれごとがあれば、「ウチの部署の仕事はここまでです」と突っ返したりします。

ＥＳなくしてＣＳなしという言葉をぜひ念頭に置いてください。ＥＳとは従業員満足度（Employee Satisfaction の略）、ＣＳとは顧客満足度（Customer Satisfaction の略）で、従業員が自分の仕事に満足し、ほかの従業員を内部顧客のように大切にしてこそ、お客様にご満足いただけるサービスを提供できるという考え方です。

売り上げが落ちると、「営業部門が悪い、いや開発部門が悪い」と互いに主張したり喧嘩したりする、本社と支店で対立構造がある、学閥や派閥があるなど、ときどき聞きますが、時間と労力のムダづかいはせず、そのエネルギーを正しく使いましょう。

26 段取りが良い人は、社内のコミュニケーションを大事にする！

27 段取りが良い人は話が短く、段取りが悪い人は話が長い。

仕事で話をするときは、伝えたいことをコンパクトにまとめましょう。事前に伝えたいことをメモすると万全ですが、いつでもどこでも準備できるとは限らないので、やり方をご紹介します。

大事なのは、結論を先に話すことです。

ＰＲＥＰ（プレップ）法をご存じでしょうか。これは文章を簡潔に説得力のあるものにする構成方法で、４つの英単語の頭文字を組み合わせた言葉です。最初のＰはPointで「結論」を伝えます。次のＲはReasonで「理由」を述べます。３つ目のＥには２つ意味があって、Evidence「証拠」とExample「実例」です。どちらかを入れます。最後はもう一度ＰでPoint「結論」を念押ししてください。

上司に報告するときの話し方を例にします。

「A社のプレゼンで当社が勝ちました。勝因は課題解決力だそうです。担当の○○様から届いたメールをご覧ください。これよりA社の仕事に着手します」

このように結論を先にすると、短い時間で大事なことを伝えられてムダがありません。だから聞き手を満足させます。そうはいってもPREP法をすぐにマスターするのは難しいという方もいますので、もっと簡単にできるワザをお伝えします。

それは、**前置き言葉として、「結論から申しますと」を口癖にすることです**。こう切り出せば、結論から入る以外ありえませんね。

ほかにおすすめするのは、「○○についてお伝えしたいのですが、○分ほどよろしいですか？」という声掛けです。○○には、案件やテーマ、要点などを入れます。そうすると話すことの大枠を相手に伝えられます。

「○分ほど」は時間の目安です。話は短ければ3分、長くても5分くらいにまとめてみてください。このように相手の都合を聞いてから詳細を話すと好印象を持たれますし、せっかちな相手でも5分なら耳を貸してくれるのではないでしょうか。

電話をかけるときも、「○○についてお伝えしたいのですが、○分ほどよろしいですか?」のフレーズをぜひ試してください。私の友人は長電話しないよう、3分間を計る砂時計をデスクに置いているのだとか。あなたもぜひ時間内に伝えるトレーニングをしてください。

段取りが悪い人は、いつでも話が長引きます。

そういえば、私が研修講師をするときに「自己紹介を一人1分間でお願いします」とか、「3分間で意見を発表してください」と参加者の皆さんにお願いすることがあるのですが、時間内にきっちり話す人とオーバーする人がいます。

時間内に話せる人は、結論を先にし、余った時間で補足をします。その一方で制限時間をオーバーする人は、思いつくままに時系列で話してしまうため、結論が最後になります。

「それで」「あとは」「それから」といった言葉を頻発するのも特徴です。

きっと日頃の仕事現場でもそうなのでしょう。

このような話し方をしていると、自分の時間を失うし、聞き手の時間も奪ってしまいます。物語風に話そうとしたり、同じ話を繰り返す人は気をつけましょう。

話が長くなると、相手に言っていることが正確に伝わらず、仕事のミスややり直しが発生することもあります。さらに余計な時間を費やしてしまいます。

また、報告・連絡・相談をするとき主観や感想は原則として要りません。上司に頼まれた仕事を提出するときは、「終わりました」「確認お願いします」などで十分。「難しかったです」「思いのほか時間がかかってしまいまして」などの発言は極力控えて、もし質問されたら答えましょう。

最後に難しいカタカナ言葉を連発する人も要注意。「プライオリティを考えてからフィックスしましょう」だとか「エビデンスをもとにアジェンダを作ってください」などは、意味を知らない人には伝わりません。どなたでも理解できるよう、平易な言い方を心がけてください。

27 段取りが良い人は、短い時間で必要事項を的確に伝える！

28

段取りが良い人は会議の前に準備をし、段取りが悪い人はなんとなく会議に出る。

会議の時間が長くて、なんとか短くならないかなと問題意識を持つ人が多いようです。では、そもそもなぜ会議をするのでしょう。会議とはその名のとおり、人が一堂に会して議論をすることです。多様性のある人が集まり、互いの意見を交わして結論を導くのは価値のあることですが、職場によっては今もなお生産性の低い会議が行われています。


段取りが悪い人が集まると、次のような会議をしがちです。

結論が出ずにダラダラと時間ばかり過ぎる会議や、特定の人だけが話してほかの人は聞くだけのお説教風会議、書類を読みあげるだけの朗読会のような会議、議題がないのに日程ありきで集まり雑談に終わる定例会議などです。

もしもこれらの生産性の低い会議をし、週に何時間も費やしているとしたら、もったいないことです。

やはり会議も計画や準備をするとうまくいきます。

段取りの良い人は、会議の開催通知を出すとき、はじまりの時間と終わりの時間をハッキリさせます。長くても1時間にし、会議室は1時間分しか予約しません。

そしてあらかじめ1時間以内に収まるように進行表を作ります。これは、この会議で何を決めたいのかといったゴールを明確にし、いくつかの議題と、発表者に割り当てる時間を計画したものです。進行表があれば、当日はそれに沿って進めればOK。時間の延長や話の脱線を防ぐ効果があります。

会議中は新入社員がタイムキーパーを務めて、たとえ部長が話していようとも予定時間をオーバーしたらベルを鳴らす職場もあるとか。臆することなくベルを鳴らすだなんて、将来が楽しみですねぇ（笑）。

なお、議題をグループに分けると、「連絡」「報告」「審議」の3つがあります。

このうち会議にかけるべきなのは「審議」です。話し合って結論を出すのが会議の目的ですから、「審議」にできるだけ時間を割いてください。時間が足りなくなって多数決をするよりも、意見交換に時間を割くことを心がけましょう。

「連絡」や「報告」は、朝礼で伝えたりメールで送るなど一方通行にしてもいいのです。

また、**会議で配る資料作りには時間をかけすぎないでください。**できるだけ紙1枚に収まるようコンパクトにまとめましょう。

社内会議ならパワーポイントを使って装飾に凝ったり、投影してアニメーションつきでプレゼンする必要はないですね。見かけよりも本質を重視してください。

その**資料は前日までに参加者へ送り、読んでおいてもらったり、あらかじめ意見をまとめておいてもらうと、会議の時間を有効に使えます。**遠慮せずに宿題を出しましょう。

経営の神様と呼ばれる松下幸之助さん（現パナソニック創業者）は、著書『道をひらく』（PHP研究所）で、朗らかに語り合い、談笑のうちにスムーズに会議を進めようと説いています。

そうはいっても会議に出ると緊張する方もいるので、出席するのが楽しくなるヒントをお伝えします。

まずは人の話を聞く姿勢です。メンバーの意見は途中で遮らず、最後まで聞きましょう。どんな意見であれ受容することが大切です。ディベートのように勝ち負けを決めたり、相手を論破してはなりません。

大切なのは、どんな意見だろうと肯定的に受け取る姿勢。

だからメンバーの発言に対しては、「はい」「なるほど」「良い意見ですね」とまずは受け入れます。それから、自分の意見を付け加えたり、便乗したいときには「さらに私の意見を加えると～」とつなげます。逆に異論を唱えるときは「ただ私はこのように考えます」などと、おだやかに話してください。前者の話法を「ＹＥＳ ＡＮＤ法」、後者を「ＹＥＳ ＢＵＴ法」と言います。

ときどき感情のスイッチが入ってしまい、顔を真っ赤にしながら自己主張を通そうとする人や、気に入らない意見やほかの参加者を攻撃する人がいます。そんなことをすると場を乱す行為となるので、レッドカードで退場を命じられるかもしれませんね。準備をしてから建設的に話し合い、短い時間で、みんなが納得する結論を出しましょう。

28 段取りが良い人は、会議を1時間以内に終わらせる！

29
段取りが良い人は利他的、段取りが悪い人は打算的。

仕事には効率化していいことと、効率化してはならないことがあります。それを見極めないまま、何でもかんでも時間を短縮させようとすると、きっとうまくいきません。例えばお客様の話を途中で遮り、「そろそろ話を終わらせてくれませんか。5、4、3、2、1」とカウントダウンをはじめたら、お客様はどんな気持ちになるでしょう。ご高齢の方の行動を急かしたらどうでしょう。プロとして、というよりも人として失格ですね。

そもそも私たちは何のために働くのでしょうか。お金のため、生活のため、これらは現実問題として外せませんが、仕事を通して人の役に立ったり、社会貢献することができたなら、こんなに幸せなことはありません。

段取りが悪い人は、損得勘定で動くことがあります。日頃から生産性やスピードアップを目指すあまり、初心を忘れて何事も数字ありきになってしまったかのようです。

そうなると得になる人は大事にし、何ら得にならない人にはそっけない態度を取ることがあります。社内では目上の人に可愛がられようと振る舞いますが、目下の人には威張ります。取引先やお客様には、会社の規模や個人の資産や年収などで順位をつけ、大切にする人とそうでもない人を区別します。

このように損得勘定で動くと、いつか自分も軽く扱われてしまい、ろくなことはありません。

例えば、効率を重視するあまり数字ばかり追うと、相手の信頼を損なうことになりかねません。さらに人として信用されなくなり、いざというとき誰からも協力してもらえず、原因がわからないまま段取りがどんどん悪くなっていきます。

段取りが良い人は、効率化することと効率化してはならないことをハッキリ区別しています。

パソコンや書類を扱う作業は、できるだけ時間を短くしようとしますが、相手が人なら、ときにたっぷり時間をかけるのを厭《いと》いません。たとえ対価がなくても、自分の時間をプレゼントするつもりで話を聞いたり、気持ちに寄り添ったり、力を貸したりします。そうすると人として感謝され、信頼されて味方が増えます。困ったときには協力してもらえるので仕事がはかどり、段取りがどんどん良くなっていきます。

私ごとですが、昨年父が他界しました。反抗期が長くて苦労をかけましたが、社会人になってから親の苦労がようやくわかり、親孝行したいと思うようになりました。晩年は長患いをしたので幾分覚悟をしたものの、最後の入院先で先生から「あと2週間くらいでしょう」と家族に余命宣告があったときは、突然のことで耳を疑いました。ただ幸い仕事は段取り良く進めていたので、毎日病院に通うことができました。弟は会社員ですが、仕事をセーブして毎日昼間から病室に来ました。

ある日、病室で弱っていく父を、母と悲しい気持ちで見つめていたとき、一人の看護師さんが入ってきて、父にひげ剃りをしてくれました。看護師さんは父の顔をまじまじと見て「やっぱりいい男だな〜」と独り言をつぶやき、私たち家族を笑わせてくれました。

忘れていましたが、そのひげ剃りは数年前の父の日にプレゼントしたものでした。父はメモ魔だったので、テープライターに「○年6月○日　マリコプレゼント」と入力してぺタッと貼ってあったからです。

看護師さんは、ひげ剃りに詰まった汚れが気になるので、と病室の洗面台で掃除をはじめました。「お忙しいので結構ですよ」と言っても、一所懸命に掃除を続けてくれました。もう、そのひげ剃りを使うことはないとわかっているのに。

看護師さんにとって、ひげ剃りを洗うのは本来業務（07項参照）ではありません。というよりムダかもしれません。それなのに一緒に時間を過ごしてくれ、どんなに心強く励まされたことでしょう。何より真のプロのあり方を教えてもらった気がします。

仕事をして誰かに褒められたい、評価されたいと願うのは当然です。でも、それは自分のためです。そうではなく**相手のために今、何ができるのかを考えて行動しましょう。**

私も時間は自分のために使うだけでなく、相手にプレゼントできる人に、いつかなれたらと思います。

29 段取りが良い人は、人に優しい！

第5章

効率UP 編

30

段取りが良い人はパソコンの便利な機能を使い、段取りが悪い人はタイピングの速さを自慢する。

段取りが悪い人は、ムダなことをやっていることが多いです。

例えば、何を伝えたいのかわからない長いだけのメール、紙1枚で伝わるのに見栄えを良くするため数枚に膨らませた資料。そのほかにも生産性のないことをたくさん行っています。まずはムダをなくすことが大切ですね。

さらにパソコンの便利な機能を使い、必要最低限の動作におさえましょう。タイピングの速さを競うのではなく、ムダな動きを省くのです。

例えば、ショートカットキーを使う方法があります。

キーボードとマウスの併用は、一方から手を離したり、また手を戻したりしなければなりません。**ショートカットキーを使うと、キーボード上で動作を完結できるので、手の移動が少なくて済み、時間短縮につながります。**

とはいえ新しい知識を習得するのは勘弁してよ、仕事を減らしたいから本書を手にしているのに、という人もいるはずです。私もはじめのうちは半信半疑でした。しかし実際にやってみたら仕事のスピードが段違いに速くなったのです。

ぜひ、ショートカットキーを使わない方は、だまされたと思って、いくつかの手法をお試しください。

Windows10を例にすると、「Ctrl+A」は、ドキュメント内またはウィンドウ内のすべての項目を選択します。これはおなじみのワザですが、マウスを使うよりもはるかに速いです。

メール処理は日々欠かせない仕事なので、Outlookをお使いの方も多いと思います。Outlook2010を例にすると、「Ctrl+R」はメッセージに返信する、「Ctrl+F」はメッセージを転送する、「Ctrl+P」は印刷するとなります。

メールを返信するときに件名の先頭につく「Re：」、転送するときにつく「Fw：」、印刷するときはPrintというように、頭文字をイメージすると覚えやすいですね。

便利とはいえ、キー操作は約200あるので、すべてを暗記しようと意気込む必要はまったくありません。もしこの機会にやってみたい、興味があるという方は、パソコンの専門書や次のようなビジネス書を読んでみると効率的に習得できるでしょう。

私がきっかけとなったのは、『超速パソコン仕事術』（かんき出版　岡田充弘著）を読んだことでした。「仕事が速い人ほどマウスを使わない！」のキャッチコピーが衝撃的でしたし、ベストセラーになったので、ご存じの方も多いはず。この本は読み物としても面白く、面倒くさがりやの読者（私のことです）をも動かす力がありました。

ショートカットキーは、どれかひとつでも2つでも試してみて、「これは便利！」「助かる」と思うものが見つかると嬉しくなり楽しいものです。私自身も長年、手作業で時間をかけていたことが、ほんの数秒でできることを知り、目から鱗が落ちるようでした。以来、決して数は多くありませんが、好みのショートカットキーを取り入れています。

ほかにパソコンの便利なワザとしては、Word や Excel などで日付の自動更新の設定にしておくと、文書を使い回すときに、都度手入力で発信日を修正する手間を省けますよ。

30 段取りが良い人は、パソコンの時短ワザを身につけている！

これらパソコンの便利な機能を使う人と使わない人がいるのは、知っているか否かの差です。スキルの上達には独学もいいですが、パソコンの研修やセミナーに参加すると手っとり早いでしょう。丸一日受講するなんてしんどい、と思われるかもしれませんが、たった1日でマスターできるなら時間対効果はバツグンです。

私もWord、Excel、PowerPointの講座に通ったことがあります。独学だったら何日間もかかり、わからないところでつまずいて嫌になったでしょうが、講座の翌日からスイスイ資料を作れたので、時間を貯金できました。セミナー会社では、基礎編から応用編のパソコンセミナーが開催されていて、大盛況のようです。

あなたもパソコンと仲良くなり、力を借りましょう。

31 段取りが良い人はメールを省略して書き、段取りが悪い人は丁寧に書く。

相手が誰であろうと、とても丁寧にメールを書く人がいます。与える印象は良いかもしれませんが時間がかかってしまうので、生産性の高い書き方について考えてみましょう。

おすすめするのは、社内でやりとりするメールと、社外の取引先やお客様とやりとりするメールとで、メリハリをつけることです。

時間をかけてほしいのは社外メールです。というのは、たったメール1通で仕事ができる人なのか、残念な人なのかが伝わってしまうためです。わかりやすいか、言い回しに失礼がないか、誤字脱字がないかどうかをチェックしてから送信してください。お客様にいい加減な人という印象を持たれては、仕事を任せてもらえなくなってしまいます。

逆に手を抜くというと語弊がありますが、社内メールには時間をかけすぎないようにしてください。**社員同士は身内ですし、メールの主な目的は報告・連絡・相談なので短時間で仕上げましょう。**

次から次へとメールをさばくとき、文章の巧拙を気にしすぎては仕事になりません。また、大勢に一斉送信するならともかく、1対1のやりとりならば、多少の誤字脱字は大目に見るくらいの度量の広さを持ちたいものです。

まず、社内メールは短く書くように心がけましょう。内容にもよりますが、本文は1〜3行くらいに収めて、結論を前にもってきてはいかがでしょうか。

段取りが悪い人は、社員同士でも長いメールを書きます。挨拶文を必ず入れたり、「お忙しいところ申し訳ありません」と謝ってみたり、「よろしくお願いします」を数回繰り返したり、「ご自愛ください」などの**気づかいをこれでもかとトッピングするのです。これでは、どんどんメールが長くなる一方です。**

ある企業では、生産性向上のために社内メールをルール化しました。ルールとして、「お疲れ様です」「いつもお世話になっております」「総務部の鈴木です」などの挨拶文や名乗りはできるだけ省くことにしました。

短いメールは書くのも読むのも速いので、たとえ外出中や移動中であっても、スキマ時間を見つけてスマホから送信したり返信したりできますね。だからクイックレスポンスが可能となり、仕事がはかどります。


そうはいっても、会社や職場の文化や慣習もあるでしょう。同じ組織で働いていても、初対面の人に何かを頼むとき、いきなり簡潔すぎては心証を悪くするかもしれません。ですが二度三度やりとりしたら、徐々に手短に書くのを試してほしいです。

心配なときは「取り急ぎ、要件のみ失礼します」「簡単ですが」「出先から送信しています」などの断り文を添えてみてください。

メールは本来業務（07項参照）なのかどうかを考えると一概には言えませんが、多くの場合はノーでしょう。ですからメールに翻弄されて1日が終わるなんてことは避けたいものです。時間をかけるべきなのは本来業務なので、くれぐれもメールに時間をかけすぎないよう気をつけましょう。

なお、**メールラリーは基本的に1往復、相手が目上の人ならば1往復半で終わらせましょう。**

メールをいつ終わらせたらいいのか迷うこともありますが、「ありがとうございます」「よろしくお願いします」だけの内容を送り続けると互いの時間を奪われてしまいます。

そこで返信が要らなければ、返信不要だとメールの文面に入れてみてください。

ただ社外の方には「返信不要」とキッパリ書くよりも、「返信のお気づかいはなさいませんように」「お忙しい折、返信のお気づかいはご無用です」「再度ご連絡いたしますので、ご返信には及びません」などの丁寧なフレーズがおすすめです。

メールは速くわかりやすく書いて、本来業務に集中する時間を生み出しましょう。

31

段取りが良い人は、社内メールは必要最低限の文章で終わらせる!

32 段取りが良い人はメールをラクして書き、段取りが悪い人は時間をかける。

段取りの良い人は毎回ゼロからメールを書きません。パソコンの機能を利用したり、一工夫して、お手軽にしているからです。そのやり方を3つご紹介します。

ひとつ目は**単語登録をする**ことです。

これは、定型文や宛名、住所などを登録すると便利なシステムで、例えば「おせ」と入力すると「いつもお世話になっております」などの挨拶文が現れたり、「みつば」と入力すると「みつば東京銀行　丸の内支店長　桜庭一郎様」に変換できたりします。

毎回複数名に送るメールを書くときは、「はま」と入力すれば「浜田様　CC渡辺様　CC奥本様」のように3人の名前が即座に出るように登録すると便利です。

そのほか自社の住所なども登録しておくと、調べる手間や手入力する時間を省けますね。

単語登録機能を使ってメールを書くと、１通当たり、たった15秒の節約かもしれませんが、１日に平均15通送るとして年間２６０日で計算すると、５万８千５００秒＝16・25時間＝約２日の業務時間が余るので、チリツモ効果はあなどれません。

ちなみに、本書の原稿は「段取りが良い人」と「段取りが悪い人」という言葉を何度も書くので、それぞれ「だんよ」と「だんわ」で単語登録しています。

２つ目は、**テンプレートを利用する**ことです。

毎回同じようなメールを書くなら文章を雛型として保存しておき、それを再利用するといいでしょう。部分的に書き換えて送れますし、ゼロから書くより断然速いです。メールマガジンを発行する方や、定型業務で毎月のように送るメールがあれば、ぜひお試しください。

私の場合は研修に登壇するとき、配布資料を主催者にデータで送ります。これは年間を通して発生するルーティンワークなので、テンプレートに保存しました。お客様の会社ごとのテンプレートにしてあるので、担当者の方の名前やアドレスがすでに入力してあります。ですから、いただいた名刺を探したり、前回のメールを検索せずに済んでいます。

また、テンプレートにはミス防止の作戦を仕込んであります。

配布資料を送るのに、肝心の添付ファイルがうっかり漏れていては話にならないので、テンプレートの本文1行目に「まず添付して」と自分への注意喚起を入れています（笑）。おかげで何度救われたことか。「おっと、危なかった～」とパソコンの前で独り言を唱えたことが何度もありました。そうそう、当然ですが、添付し終わったら、この文は消さなければなりません。

3つ目は、**タイトルオンリー**（T／O）といって、タイトルだけでやりとりする方法です。これは社内メールや、社外ならプロジェクトを組む、親しい仲間内に限られますが。例えば、返信メールのタイトルの先頭に「承知しましたT／O」「資料受領お礼T／O」などと書き加え、本文は何も書きません。署名が自動で入っても削除しないで結構です。実際にチームでタイトルオンリーを取り入れたところ、メンバーから「速攻でメールを送れました」と好評でした。

そのほかスマホでは、Gmailに**「スマートリプライ」**という、ＡＩ（人工知能）が予測した三択の自動返信を表示する機能があります。

どなたかからお誘いやお願いごとがあって返信しようとすると、「了解です」「とくに問題ありません」「ありがとうございます」など短い文章が候補で表示されました。

それを見て「お主なかなかやるじゃないか」と的を射るフレーズもあれば、とんちんかんな返信候補に笑うことも。精度が上がることを期待しつつ、一言だけ返すときや、文章を書き足すなどして試す価値はあるでしょう。

これらの便利な機能を使ったり、自分なりに一工夫したりして手早くメールを送りましょう。

32 段取りが良い人は、メーラーの機能を最大限に活用する！

33
段取りが良い人はすぐに捨て、段取りが悪い人は大切に保管する。

あなたのデスクは片づいていますか？　それともファイルや書類が山積みされていたり、文具が出しっぱなしのままでしょうか？　デスクを見れば、その人の仕事ぶりがおおよそ見当がつきます。

これまで、いろいろな人のデスクを見る機会がありました。おしなべて**優秀で、段取りの良い人のデスクはキレイです。**執務中は余計なものが置かれていない状態なので、気が散らずに集中できているのだと思います。

そういう私はというと、片づけや掃除が大の苦手でした。

小学校や中学校では掃除の時間がありましたが、なぜ掃除をするのか、まったく理由がわからず、いかにサボるかを考えていました。掃除の時間になると音楽が流れるので、ほうき踊りなるものを考えて、ほうきを持って音楽に合わせて踊っていました。クラスのみんなは笑ってくれましたが、先生からは怒られる始末。

会社に入ってからは、気がきく後輩たちが、出しっぱなしにした私の書類を片づけてくれました。後輩は、「鈴木さん、自分のことは自分でやってくださいよ」と注意したかったでしょうが、怖くて言えなかったのだと思います。

会社を退職してフリーランスとなり、独りぼっちで仕事をすることになったとき、もう誰も頼れないんだと気づき、仕方なく片づけはじめたのが正直なところです。実は今も片づけは不得手で、積極的にやりたい派でもありません。ですから整理整頓に拒否反応を示す人の気持ちがわかります。そこで最低限やっておくといい方法だけ、ご提案します。

5S（ゴエスと読みます）という言葉をご存じでしょうか。5Sとは、「整理・整頓・清掃・清潔・躾《しつけ》」のことです。5つのSを全部完璧にできればいいですが、デスクの片づけは2つのS、「整理」と「整頓」をすれば、ある程度うまくいきます。

整理整頓は同じような意味にとらえられやすいですが、5Sでは整理と整頓を区別します。**「整理」は要るものと要らないものを区別して、要らないものを捨てることです。**ときどき張り切ってファイルや収納グッズを買う人がいますが、物を増やしては本末転倒なので、まずは捨てましょう。

簡単に捨てるといっても、これが難しいのです。世の中には捨てるのが下手な人が大勢います。原因は、もったいないという「ものを大切にする気持ち」と、また使うかもしれないという「不安」です。つまり情が邪魔しているわけです。

では、情に流されずに捨てるにはどうしたらいいでしょう。

組織で「文書管理規程」があれば、ルールを確認してください。法定保存文書は、法律で保存期間が定められている書類なので勝手に捨ててはなりません。そのほか業界や社内で定めた規程もあるので、まずは確認しましょう。

逆に「文書管理規程」にないものは、保存期間をチームや自分で決められます。報告書は○年保存といったルールを決めておくと、その日が来たら捨てられます。

ある企業ではパソコンで書類を作るとき、ファイル名をどのようにつけるかルールが決まっています。ですから個人ごとにバラバラということがありません。そしてファイル名の最後には、捨てる日付を入れています。3年間保存なら、作成日の3年後の日付を入れておけば、到達日に誰でも迷わず捨てられますね。

さて、管理基準を決めるまでもないものの捨て方を3つアドバイスします。

①**満杯になったら捨てる**……（例）デスクの引き出し3段目が満杯になったら、要らなくなった書類やファイルを捨てる

②**仕事が終わったら捨てる**……伝言メモ、送られてきた封筒、使用済みの付せん、備忘録として印刷したメールなどは、仕事が終わったら捨てる

③**データで残す**……紙の書類は最新版のみ残して捨てる。または、すべてデジタル化し、ペーパーレスにする

捨てることのメリットは大きいです。少しだけ勇気を持って、不要なものを捨てましょう。

33

段取りが良い人は、整理整頓を欠かさない！

34 段取りが良い人はスッキリ、段取りが悪い人はぐちゃぐちゃ。

生産性を高めるには、探す時間を減らし、デスクの上は広いスペースを空けておくことが大切です。

「整理」をしたあとにするのが「整頓」です。これは**使いやすく戻しやすいよう置き場所を決めることです。**

あなたの周りには時間泥棒がいませんか？　よく書類や文具をなくして「貸してくれる？」だとか「一緒に探してくれない？」と頼んでくる人。また、上司に「今月の営業成績をデータで見せてほしい」と指示を受けたときに、「少々お待ちください」と答えてから、しばらく待たせる人。

整頓の3原則は、すぐに「見つけられる」「使える」「戻せる」です。例えば文具は引き出し1段目、名刺は2段目というように、置き場所を住所のごとく決めましょう。

「まとめる」のも効果的で、筆記用具は一カ所にまとめる、クリップや付せんは、それぞれ小さな箱や缶にまとめる。そうすると必要なときにすぐ見つかります。箱や缶は収納グッズをわざわざ買わなくても、お菓子の入れ物などで代用できます。

事務用品は「ワンベスト」をぜひ覚えてください。「ワンベスト」とは、引き出しに入れる事務用品はひとつずつあればいい、ということです。ボールペンやはさみ、ホチキス、電卓がいくつもある人は、引き出しがパンパンになったり、文具が行方不明になることも。いくつも持っていたら、使いやすいものをひとつ選びましょう。

景品や販促品で、会社のロゴ入りのボールペンをいただくことがあります。2色や3色入りだと、使いはじめてから先になくなるのは黒色のインクで、赤色がまだ残っているからもったいないと取っておくと、つい忘れて、また黒色で書こうとしてしまいます。そのボールペンを取っておく限り、黒色をノックして書こうとしてから「インクがない」と気づき、ほかのボールペンに替えるまでに毎回数秒のムダが生じます。これではイライラするので、思い切って捨ててもいいでしょう。

また、事務用品は100円ショップでも手に入りますが、コストをかけて良いものを選んで長く使ってはいかがでしょうか。ときには自腹で投資するつもりで購入すると、大切にするようになります。

何よりデスクの上をスッキリ保つ秘訣は、「使ったら戻す」を繰り返すことです。仕事が終わったのに書類を出しっぱなしにしておくと、次の書類を上から次々重ねたり、ほかの書類とごちゃまぜになり見つかりにくくなることも。文具も同じで、また使うかもしれない、と出しっぱなしにせず、もとの置き場所に戻すことを習慣にしましょう。

定期的に片づけるには、5Sにちなんで、5のつく日を片づけデーに決めてしまうのはいかがでしょうか。毎月5日、15日、25日です。どこかのスーパーのセール日みたいですが、覚えやすいです。もし休日と重なったら前後の日にずらすなり、パスしても結構ですので、厳しくしすぎずに続けましょう。

『月刊総務　2018年1月号』(月刊総務)に、「やらないと法令違反?　大掃除は年二回」という記事がありました。労働安全衛生規則第六一九条「事業者は、次の各号に掲げる措置を講じなければならない」第一項「日常行う清掃のほか、大掃除を、六月以内ごとに一回、定期的に統一的に行うこと」。

つまり、年末の仕事納めの日に職場で大掃除をするのが恒例かもしれませんが、大掃除は半年に1回行い、日常の掃除は業務時間内にするということです。

デスクを片づけていたら、「いいね〜暇で」と同僚から嫌味を言われたという人がいますが、片づけは大切な仕事なのですから正々堂々とやりましょう。

なお、捨てていいかわからないものは保留ボックスに入れておき、大掃除のときに上司にまとめて判断してもらうと手っとり早いです。

そうそう、デスクが汚くたって仕事はできると主張する人がいます。確かに、どこに何があるか、すべて覚えている天才ならば問題ありません。しかし、そうでなければ、デスクを片づけて気持ちも新たに仕事に取り組みましょう。

34 段取りが良い人は、使い終わったものはその都度もとの場所に戻す！

35 段取りが良い人は仕事を流れるように進め、段取りが悪い人は中断する。

段取りが悪い人は、仕事をするときに何度も中断します。やり方がわからずに途中で調べものをしたり、ほかのことが気になったりします。そのたびに手を止めるので、集中力は途切れ、やたらと時間を浪費してしまうのです。

段取りが良い人は、仕事を流れるように進めます。なぜかというと、時間を短縮できる仕組みを作ってあるからです。とくに定型業務は、あらかじめ仕組みを作っておきやすいものです。

例えばよく郵送する相手の封筒の宛名シールを作っておくと、送るときに都度住所を調べたり手書きしたりする手間を省けますね。請求書や送り状はテンプレートを作ったり、前回の書類を保存しておき、部分的に修正して使い回すと効率的です。

また、私はExcelで見積書を作るのですが、同時に請求書も出来上がるフォーマットを作っています。見積書に入力した先様《さきさま》の社名や案件名、金額などが自動的に請求書に反映されるようになっています。

もちろん発注を受けなければ、請求書は要らないですが（笑）、受注した折に備えて準備しています。すると実際に請求書を作るとき、すでに完成しているので作成時間はゼロ。「なんてラクなんだろう。ありがとね」と過去の自分にお礼を言いたくなるほど嬉しくなります。

私がおすすめする仕事をスムーズに流す方法は、**仕事を進み具合によって常に3つに分ける、というものです。**

3つとは、**「未処理」「仕掛かり中」「処理済み」**です。これからやる予定の仕事は「未処理」、まさに今やっている仕事は「仕掛かり中」、仕事が終了したものは「処理済み」です。

段取りが悪い人は、これら3つの区別をつけないため、デスクの上には、やりかけの仕事と、すでに終わった書類がごちゃまぜに置いてあります。また、書類は下から上へ、どんどん積み重ねられるので、何がどこにあるのか皆目見当がつきません。

デスクは、頭と心の状態を表すものだと思います。デスクが乱れていると、優先順位をつけられない、仕事量が多くて翻弄されている、平常心を保てていないなど、黄色信号がついている状態です。赤信号になる前に、いったんストップしましょう。

落ち着いて仕事を把握するには、ファイルボックスを3つ用意してください。

ボックスは、中に入れるファイルや書類が立つものを選びましょう。ファイルや書類は、寝かせるよりも立てると探しやすくなるからです。そして箱に「未処理」「仕掛かり中」「処理済み」のラベルを貼ります。

書類はひとつの仕事や案件ごとにクリアフォルダーに入れ、さらに進行状況によって3つの箱のいずれかに入れていきます。当然ですが、未処理 ↓ 仕掛かり中 ↓ 処理済みの順に移動していきますね。

執務中は、デスクの上に3つとも箱を出しておきます。そうすると自分が抱えている案件を全部可視化できます。

なお、「処理済み」に入れたものは、済んだ案件なのでファイリングするか、シュレッダーにかけてデータのみ残す、などしてください。

引き出しの3段目はファイルボックスをしまう場所などと決めて、朝出勤したら3つの箱をデスクの上に出し、帰るときはまた引き出しにしまいます。

若手社員の頃、デキる上司のデスクの上には3つの箱が置かれていました。部下たちはハンコがほしいときや、上司に目を通してほしい書類があると未処理箱に入れます。上司が対応したら処理済み箱に入れてくれるので、部下は自分の書類を取りに行きました。いつも仕事がスムーズに流れているように見えました。

ただし、フリーアドレス制などで手荷物が少なく、ファイルボックスを3つ持てなければ、ひとつのボックスで仕切りのあるものを用意するといいでしょう。

あなたも、進捗状況によって仕事を分けてみてください。

35 段取りが良い人は、仕事の進捗状況を見える化する！

36

段取りが良い人は朝型人間、段取りが悪い人は夜型人間。

あなたは朝型人間ですか？　それとも夜型人間ですか？

段取りを良くするには、断然朝型人間になることをおすすめします。と言うと、「私は絶対ムリです」とか「朝弱いんで」とか真っ向から諦める人がいますが、血液型と違って生活習慣は変えられるので安心してください。

というのは私も32歳で保険会社を退職するまで、典型的な夜型人間だったからです。

当時は仕事が終わってから、週2～3回は飲みに行っていました。2次会、3次会も皆勤賞。帰宅するのは午前様なので、翌朝出勤するまで数時間しかありません。当然ながら睡眠不足になり、翌朝は出勤するのがやっと。パフォーマンスは下がるし、二日酔いで気持ちが悪い日もありました。とほほ。

保険会社を退職してからは再就職試験でつまずき、無職無収入の日々を送りました。やがてフリーランスで講師の仕事をはじめてから、ようやくプロの自覚が芽生えたのです。「せっかくいただいた仕事を休むわけにはいかない。代打はいないんだ。急な体調不良を避けるため健康管理に努めよう」と。そこではじめたのが、夜型をやめて朝型の生活になることです。

長年続けた習慣を変えるのは、たやすいことではありませんが、やってみようかなと思うことこそ大切です。とはいえストイックになるとストレスが溜まるので、ゲーム感覚で楽しんでみてはいかがでしょうか。

前日までに、**お気に入りの朝食を準備するのも作戦のひとつです。**食べたかったパンやスムージー、ヨーグルトなどを買っておくと、朝食を食べたい、だから起きようかなと行動を促す原動力になるでしょう。

早起きのメリットは、朝食を摂れて食生活がととのうこと以外にもあります。電車が空いている、遅刻しない、出勤前にやりたいことができるなど。朝活という新たな時間を創出できるのです。

朝活というと、志の高い人たちが集まって勉強するシーンを想像するかもしれませんが、自分のやりたいことをすればいいのです。ちなみに拙宅の近所では、出勤前にランニングしている男性が数名いて敬服しています。

私の朝活はというと、さっさと家を出発して、訪問先企業の近くにあるカフェで1時間ほど過ごしています。電車の事故があっても遅刻しないように、できるだけ早めに現地に着きたいからです。

朝のカフェで騒ぐ人はおらず、早朝族は思い思いに充実した時間を過ごしています。コーヒーを飲みながら新聞に目を通すと、世の中全体のことがわかります。朝刊はその名のとおり朝読むと情報の鮮度が落ちません。それに人と話すとき「今朝の日経新聞に記事がありましたが……」と新鮮なネタを披露すると、ちょっぴりおりこうに見られるかもしれませんよ。

そして**手帳で今週のスケジュールと当日の段取りを確認します。**これらのルーティンをこなすと、ようやく頭が冴えるようです。バッチグーではないかと死語をつぶやき、ほくそ笑みながら現場に向かっています。

朝型の人は、朝から気力・体力がみなぎっているので、出勤するやいなや優先順位の高

い仕事をし、午前中から成果を出します。一方、夜型の人は夕方から精を出すので、残業が目に見えています。

これから早起きに挑戦しようと思う方は、スマホに手伝ってもらうのも一考です。

例えばiPhoneの「ベッドタイム」を利用すると、7～8時間の睡眠を推奨してきます。7時間睡眠に設定すると、起床時刻に合わせた就寝時刻を表示するので、例えば6時に起きようとしたら23時に寝るのだと目途がつき、夜更かしを防げます。また寝る時間が近づくと、音やメッセージのリマインダーで知らせてくれる機能もあります。

朝の目覚ましは音やバイブレーターを選べ、私は小鳥のピヨピヨというさえずりで気持ちよく目を覚まします。スマホによって、そのほかの機能やアプリもありますので、ぜひお試しください。

毎日のちょっとした習慣の違いであっても、チリツモ効果となり差がつきます。あなたもシャキーンと爽やかな朝を迎えようではありませんか。

36 段取りが良い人は、早起きをして1日の準備をととのえる！

37
段取りが良い人は見た目がきまり、段取りが悪い人はダサい。

出勤する前は、家で身支度をととのえたり荷物をまとめたり、やることがいくつもあります。毎日のように同じことの繰り返しですが、だからこそ朝のスタートダッシュをスムーズにしたいものです。

出かけるまでの時間を短くするには、やはり前日に準備をすることに尽きるでしょう。持ち物はバッグに入れ、洋服はどれにするかを決めて、すぐに着られるような状態にしておくと万全です。履いていく予定の靴も出しておくと慌てません。もし翌日の天気が雨の予報なら、玄関に傘を出しておきましょう。

段取りが悪い人は、当日を迎えてから支度をします。不思議なことに朝の時間は早く過ぎていくので、「あと5分しかない」と焦る気持ちが失敗のもと。洋服を着たら、おかしなコーディネートだったり、しわくちゃだったりして、脱いでは別の服を着るを繰り返すうちに遅刻しそうになることも。

というのは、まさに以前の私がそうでした。支度なんて当日やればいいさ、と油断していたのです。

忘れもしない出来事があります。実は、左右の靴が違うまま、仕事先へ出かけたことがありました。両足とも靴の色は黒でしたが、デザインと踵の高さが違うのです。

地元の駅に向かう途中、ようやく左右の靴が違うと気づきましたが、時すでに遅し。ギリギリの時間になって慌てて出発したので、家に戻ったら新幹線に乗り遅れてしまいます。靴のことは諦めて出かけましたが、その日は人前に立つ仕事なので「誰かが気づいたらどうしよう」と気になって仕方ありませんでした。仕事に集中しなければならないのに……。

「身支度は前日までにする」のマイルールは、数多の失敗談をもとに作られています。

心理学で初頭効果という言葉があります。これは、最初に与えた印象が長引くという意味で、とくに第一印象は大切です。それなのに寝坊してしまい、寝ぐせがあったり、だらしのない服装ですと、見た目で損をしてしまうことでしょう。

他人ばかりではありません。冴えない感じだと自信が持てず、本来のパフォーマンスを発揮できなくなるかもしれませんね。

ビジネスパーソンが勝負服をしまう場所は、自宅のクローゼットです。**クローゼットは、服を取り出しやすく戻しやすいようととのえておきましょう。**洋服を買って増やす一方だと、服と服が窮屈にしまわれることになり、型がくずれたり、しわになったりしてしまいます。

できれば1着買ったら1着減らすのを習慣にしたいですが、そうはいってもなかなかという方も多いはず。私もそうなのでよくわかります。

クローゼットをスッキリさせるために私が利用しているのは、保管サービスつきクリーニングです。お取引先で活躍する若手職員の方に「ダウンコートって夏は必要ないですよね？　だから私は預けているんです」と教えてもらい、真似をしました。

以来、主に冬物、とくにコート類はかさばるので、春の衣替えのシーズンになると、保管サービスつきクリーニングを申し込んでいます。家に宅配便で集配に来てくれ、クリーニングをしたあとは工場で大切に保管してくれるのです。戻してほしい時期（11月上旬など）を指定すると、寒くなって必要な頃に、また宅配で服が戻ってきます。おかげで衣替えがラクになりましたし、春から秋にかけてクローゼットに空きができました。

日頃はクリーニングに出さなくても家で洗える服を買うとメンテナンスがラクで、節約できますね。とくに男性が毎日着るワイシャツは、ノンアイロンタイプがおすすめです。「アイロンなんてかけないからね」が合言葉の私は、長年、伴侶にノンアイロンのシャツを選んでもらっています。

また、ハンカチの代わりにタオルハンカチにするとアイロンは要りません。

メンテナンスにかける手間と時間は減らして、手早く格好良く身支度をととのえましょう。朝は颯爽と、いざ出陣。きっと仕事がうまくいきますから、自信を持っていってらっしゃい。

37 段取りが良い人は、朝の出勤準備でバタバタしない！

第6章

改善・見直し 編

38 段取りが良い人は頭がやわらかく、段取りが悪い人は頭が固い。

イソップ寓話『3匹のカエル』の話をご存じでしょうか。

3匹のカエルが牛乳の入った壺に落ちました。1匹は悲観的なので、もうダメだと諦め、そのまま溺れました。1匹は楽観的なので、なんとかなるさとのんびり構え、結局溺れました。助かったのは現実主義のカエルで、自分にできるのはもがくことだと必死にやっていると、牛乳がバターになったので、バターを足場にして壺から出られたという話です。3匹のカエルのうち、助かったのは行動したカエルだけ。何にもしない2匹は溺れたわけです。

段取りの悪い人は、悲観的と楽観的な2匹のカエルに似ているかもしれず、共通するのは頭でっかちなところです。もしも毎日残業続きだとしたら、問題を解決すればいいのに、「どうせ仕事量は減らせないしー」だとか「上司に意見具申したって状況は変わらないよ」

などと、はなから決めつける人もいます。

そうはいっても現状を変えるのは面倒くさいもの。かつて私も安泰を好み、今のままを保ちたい人でした。

大学生の頃はパソコンがまだ普及したばかりで、卒業論文は手書きでした。その名残なのか、もうずいぶん前のことですが、仕事で原稿を書きはじめた頃、パソコンに向かうと調子が出ないのです。

ならば手書きをしてからパソコンで清書すればいいのだと、しばらく続けていました。好きな作家の先生が、「パソコンだと文章が冗長になるので私は手書き派です」と答えたインタビュー記事を目にし、真似したくなったのも一因です。

でも、手書きは効率化とは真逆で、時間がかかって仕方ありません。とくに原稿の一部を入れ替えるときは、パソコンなら「切り取り」&「貼りつけ」をすればいいとも簡単なのに、原稿用紙だとぐちゃぐちゃになり、あとで打ち直すときに解読不能になってしまうのです。

困ってしまい、はじめからパソコンで書くことにしたら、そのうち慣れてきました。手に入れた時間は想像以上で、なんでキーボードを叩くのを頑なに拒んだのか悔やんだほどです。

このように思い込みが強く（まさに私のことです）、こうしなければならないと決めつけたり、自己流を貫いて他人のアドバイスに耳を貸さない人は、頭が固い可能性が高いです。**妙なこだわりを持ち、こだわりを曲げずに融通がきかなくなると、私たちはなかなか変われずに損をします。**

ロールモデルや目標になる人を持つのは良いことですが、その人のやり方が自分にとってすべて最適とは限らないので注意してください。

世の中は日々進化します。かつてカメラ小僧のごとく、一眼レフカメラを趣味にしていた私ですが、フィルムやネガは減り、デジタルカメラ、やがてスマホのカメラが一般化しました。フィルムやカメラのメーカーの中には、新たに医療機器や薬品、化粧品の分野に進出して成功したところもあります。

歴史や伝統に固執して、旧態依然を貫いたら置き去りになっていたでしょう。先見の明を持っていて見習いたいものです。

段取りが良い人の頭は、やわらかいです。

彼らは、人は人、自分は自分と割り切り、新しいことをはじめたり、過去の慣習やしきたりにとらわれすぎずに変革しようとします。**変革しようとなると一時的に時間と労力はかかりますが、結果的に仕事がラクになるので勇気を持ってチャレンジします。**大きな損失を招くようなことがないのであれば、一か八かの勝負を楽しみます。

あなたも段取りを良くするには、やわらかい頭でいてください。そして日頃から問題意識を持ち、「これは」と思うアイデアやワザを見つけたら、積極的に取り入れてみてください。結果は急がず、試行錯誤やトライ＆エラーを繰り返すこともお忘れなく。そうやって小さな改善や創意工夫を楽しみましょう。

38 段取りが良い人は、従来のやり方に固執せず、柔軟な対応をする！

39

段取りが良い人はＰＤＣＡを回し、段取りが悪い人はＫＫＤに頼る。

ＰＤＣＡサイクルといえば、耳にタコができるくらい聞いた人もいるでしょう。そう、Plan（計画）・Do（実行）・Check（振り返り）・Act または Action（改善）ですね。

段取りが良い人はＰＤＣＡサイクルが自然と身についているので、計画を立ててから仕事をし、終わるたびに反省をし、学びを次回に活かします。

では質問。あなたはＫＫＤ法をご存じですか？

これは、勘・経験・度胸の頭文字です。ビジネススキルかと思って真剣に考えた読者の方がいたら、「な〜んだ」とがっかりさせたかも。ごめんなさい。段取りが悪い人は、手っ取り早くやろうとスピードを重視したり、勘や、これまでの経験、度胸に頼る傾向にあります。

ある職場で、２人の部下が上司から同じ仕事を頼まれたとしましょう。２人ともはじめて経験する仕事で、やり方がよくわかりません。

まずは、段取りが良い人のやり方です。初回は試行錯誤で時間がかかりますが、２回目以降は、きっと手早く要領良くできるようになります。初回時に**仕事をしながらササッと手順や留意点を書き留めておけば、次回同じ仕事をするとき、ゼロから考えたり思い出したりせずにスラスラと進めることができるでしょう。**

さらに品質も高まります。彼らはセルフチェックを怠らないのでミスを見つけやすく、たとえミスがあったとしても、次回はなくす方法を考えるからです。この習慣が身につくと、上司からの手戻りや修正の指示がなく、一発ＯＫが出る確率がグンと高まるでしょう。

一方、段取りが悪い人はＫＫＤ法が大好きです。時間がもったいないとばかりに計画を端折り、いきなり仕事に取りかかります。おまけに振り返りと改善は一切しません。初回はともかく２回３回と同じ仕事を繰り返すうち、速さでも正確さでも段取りが良い人との差は広がる一方です。

ＰＤＣＡサイクルは仕事をするたびに４つのプロセスを踏むため、一見すると面倒くさく感じるかもしれません。でも、**うさぎと亀のお話のように、ひとっとびでうまくいく仕事などそうそうないので、コツコツとやることが大切。**段取りが良い人は短時間で高品質の仕事ができ、段取りが悪い人はいつまで経っても長時間かけて低品質な仕事しかできません。

02項でも述べたように、若手社員の頃の私はスピード感ある仕事を心がけていました。計画は立てず、書類も見直しませんでした。勤めていた保険会社の損害サポートセンターには次から次へと自動車事故の報告が入るので、モタモタしていては仕事をさばけなくなるからです。

金融機関に勤めると、命の次に大切なのはお金なのだと教わります。それなのに私は、お金にまつわるミスを繰り返しました。おまけに根拠のない自信家だったため、反省すらしませんでした。

ある日のこと、上司から1冊のノートを渡されて「今日から毎日振り返りを書いて、ボクに見せてくれる?」と言われました。交換日記みたいで恥ずかしい、仕事が増えて面倒くさいと思いながらも、徒然なるままに、その日の出来事を書いて提出するのが日課となりました。翌朝出勤すると、ノートは私のデスクの引き出しに戻っています。開くと、赤字でたった1行ですが、上司が励ましのメッセージを書いてくれていました。「以前より示談交渉がスムーズにできているよ、その調子！」なんて具合に。読んではニヤリとしたものです。

３カ月後、「交換日記は今日で終わり！」と告げられましたが、「これからは一人でＰＤＣＡサイクルを回そうね」という理由だったのでしょう。若手社員の頃にＰＤＣＡサイクルが身についたのは、一生の財産でした。

今となっては各社の社長や役員の皆さんと出会う機会もありますが、優秀で活躍している人ほどＰＤＣＡサイクルを大切に守っています。社歴が30年、40年あっても手帳などに計画やら振り返り、気づきなどをメモし、眺めては自分改善に努めていらっしゃいます。

あなたのＰＤＣＡサイクルにも終わりはありません。とことん回して、回し続けて段取り力を高めようではありませんか。

39 段取りが良い人は、振り返りと改善を怠らない！

40

段取りが良い人はミスを活かし、段取りが悪い人は同じミスを繰り返す。

先日、セミナーに参加してくれた方が、ミスの経験談を話してくれました。
「複数名に個人情報を送るとき、封筒と書類を間違えてセットしてしまいました。お客様からクレームが届き、ようやく誤りに気づきましたが、他人に知られたくない個人情報を漏らしてしまい、深く反省しています」

このような失敗は、決して他人ごとではありません。実は同じような失敗談をあちこちの企業や自治体で聞いたことがあるからです。対策を伺うと、セルフチェックではムリだとなり、ダブルチェック、さらにはトリプルチェックをするなど改善や工夫をしているそうです。

ただ、人や時間を投入すればするほどコストはかかるわけで、ミスをなくすのか、生産性を取るのか、社内でせめぎ合いのようです。そもそも作業量や数量が多ければ目検でチェックするには限界があり、チェックが形骸化する恐れもあります。

失敗談を話してくれたセミナー参加者によると、その後、ミスをなくすにはどうしたらいいか、社内で話し合いを重ねたそうです。行きついたのは穴あき封筒に替え、宛名を印刷した紙を一緒に封入することでした。その結果、封筒と書類を照合する手間は省け、宛名シールも要らなくなりました。この企業ではミスをきっかけに、省力化も手に入れることができたのです。

仕事のミスをなくすために、企業や自治体で研修のお手伝いをしながら気づいたことがあります。それは、**段取りが良い人ほどミスをするやいなや上司に報告するということです。そして、どうしたらいいのかを相談し、一緒に考え、二度と同じことを繰り返さないようにします。**

対して段取りが悪い人は、ミスをしたら必死に隠そうとします。上司に知られないうちに自分でなんとか解決しようとしたり、嘘をついて逃れようとしたりします。はじめは小さな嘘で誤魔化そうとしますが、つじつまが合わなくなり、どんどん大きな嘘を上塗りすることになります。完璧な人間などいないのですから、誰だってミスや失敗するのは当然のこと。反省し、成長の糧にすればいいのです。

オズボーンのチェックリストをご存じでしょうか。

オズボーンは、ブレーンストーミングという会議の手法を発案した人で、次の9項目でアイデアを出すと発想が豊かになります。ミスを改善するときのヒントになりますので、参考にしてください。

①ほかに使い道はないか — 転用（Put to other uses）
②ほかからアイデアを借りられないか — 応用（Adapt）
③変えてみたらどうか — 変更（Modify）
④大きくしてみたらどうか — 拡大（Magnify）
⑤小さくしてみたらどうか — 縮小（Minify）
⑥ほかのもので代用できないか — 代用（Substitute）
⑦入れ替えてみたらどうか — 置換（Rearrange）
⑧逆にしてみたらどうか — 逆転（Reverse）
⑨組み合わせてみたらどうか — 結合（Combine）

例えば、先約がありスマホに予定を入力していたが、外出先で電話がかかってきたので、画面を見ずに、うろ覚えで「その日は空いています」と約束を交わしてしまった。これと同じミスを繰り返さないよう、先ほどのチェックリストを使って解決策を考えてみます。すると、「③変えてみたらどうか」約束を交わすときに記憶に頼らず記録を見る、「⑥ほかのもので代用できないか」いっそのこと手帳を使う、「④大きくしてみたらどうか」スマホより画面が大きいタブレットを持ち歩く、「②ほかからアイデアを借りられないか」デキる先輩のやり方を真似する、などと次から次へとアイデアが湧き出てくるでしょう。

オフィスワークにおいてもミスや失敗、クレームを糧にするほか、日頃から「不便」「不安」「不快」「不満」といった不をなくすには、どうしたらいいのかを考えて改善するのは付加価値の高い仕事となります。「ピンチはチャンス」を合言葉にして、前向きに取り組んでいきましょう。

40 段取りが良い人は、ミスが起きたら必ずその都度改善策を考える！

41
段取りが良い人は時間満足度を計測し、段取りが悪い人は感覚に頼る。

ＰＤＣＡサイクルは大事ですが、だからといって時間をかけすぎては困ります。そこでＣの振り返りと、Ａの改善をいとも簡単にする方法、名づけて「時間満足度調査」をご紹介します。

まず用意してほしいのは、あなたの計画を見える化したものです。手帳やカレンダー、ＴＯＤＯを書き出したメモやノート、デジタルのスケジューラー、いずれでも構いませんので手元に用意してください。

そして**仕事終わりに今日の成果を振り返って、時間に対する満足度を書き入れてみてください。評価は3段階で十分です。**

◎○△の３つのうち◎が最高点。これは期待を上回る成果があったときにつけます。締め切り日より前に書類を提出したとか、タスクを全部片づけたとか、本来業務（07項参照）

に集中して仕事をやり遂げたとか、自分を褒めたくなるときは◎にしてください。

続いて○は可もなく不可もなく。どちらかといえば計画どおりに進んだとか、タスクを80%くらい片づけたとか、まぁまぁ合格かなと思えたら○にします。

最後に△はいま一歩のとき。本当はやりたかった仕事があるのに、結局手つかずのまま先送りしたとか、ミスをしてやり直しに時間を取られたとか、注意散漫でダラダラと時間が過ぎただとか、目に見える成果が現れなかったときは△となります。

振り返りの定番は日報ですが、文章を書くとなると正直なところ面倒くさいし時間がかかります。そのかわりマークをひとつ書くだけなら数秒でできますね。そうそう、この調査結果は誰にも見せることなく秘密にしてください。


1週間、さらに1カ月続けると、きっと◎の日が出てきます。◎の日は、なぜ成果が高かったのかを考えてみてください。

要因として考えられるのは、あなたの段取り力にあります。おそらく投入する時間を決めて守ったり、優先順位の高い仕事から着手したりしたのでしょう。外部の要因もあります。割り込み仕事がなかったり、あっても振り回されなかったのではありませんか。

さらに体調が良く気分は晴れやかで、周りの人との関係性も良い。プライベートで大きな問題を抱えていないなど、仕事以外の要因もあることでしょう。

◎のついた日は、あなたにとって理想の1日なので、サンプルとして大切に取っておきましょう。そして**成功の秘訣を分析してください。**

例えば、朝一番に優先順位が高い仕事から手をつけた、前倒しで仕事を進めたおかげでセルフチェックの時間が取れてミスをなくせた、アフター6に予定があったので集中して仕事をした結果30分で終わらせることができたなど、それらの成功パターンを今後も繰り返すといいです。

悲しいかな、△をつけた日も同じように△の原因を探ってみてください。うまくいかなかったのはなぜでしょう。

朝からメール処理をして、それだけで午前中が終わってしまった、締め切りギリギリになって慌てて処理したせいでミスを指摘されリカバリーに追われたなど、原因がわかります。

これらはあなたの段取りが悪いパターンですので、繰り返さないよう留意すべきです。

このように**物事は対比するのがおすすめで、理想の1日と残念な1日を見比べ、違いをハッキリさせましょう。**理想の1日は繰り返し、残念な1日は繰り返さないようにします。

私自身の時間満足度調査で◎がついた日は、生産性が高く、まぎれもなく本来業務で結果を出せた日です。誰も褒めてはくれませんが、「やればできるじゃない」と誇らしい気持ちになりモチベーションの維持にもつながりました。毎日というわけにはいきませんが、できるだけその日の仕事の進め方を踏襲するよう心がけています。

時間満足度調査のメリットは、限られた時間で成果を出すにはどうしたらいいか、もっと要領良く単純作業をこなせないかといった視点を保てることです。あなたもぜひ試してみてください。

41 段取りが良い人は、成功パターンも検証する！

42 段取りが良い人は1時間以内で勝負をし、段取りが悪い人は時間無制限の勝負をする。

生産性とは投入する時間に対する成果です。『労働生産性の国際比較2018年版』（日本生産性本部）によると、労働生産性とは、「労働者一人当たりで生み出す成果、あるいは労働者が1時間で生み出す成果を指標化したもの」となっています。これを分母がインプット（労働投入量、労働者数または労働者数×労働時間）で、分子がアウトプット（付加価値額または生産量など）という数式でも表しています。

つまり、より短い時間でより成果を上げると、生産性が高い人になれます。

とはいえ私たちは成果を上げることを優先し、時間に対する概念は低いかもしれません。

そこで投入する時間を意識づけるために、おすすめしたいものがあります。それはタイマーです。時間を計るものにはストップウォッチもあるので、2つの違いについても触れていきます。

ストップウォッチとタイマーは、いずれも時間を計る器械で、両方ともスマホに機能としてついています。違いはカウントアップか、それともカウントダウンかということです。カウントアップとは1、2、3のように加算する数え方、カウントダウンは3、2、1のように減算する数え方を指します。そしてタイマーにあってストップウォッチにはないものは、制限時間になると音やバイブレーションで知らせてくれる機能です。

学生時代、陸上競技のタイムを計るときはストップウォッチを使いましたね。どれくらい時間がかかったのか、結果を知るのが目的だからです。

対してタイマーは、目標の時間を設定してから残り時間を知るために使います。カップラーメンを食べるときは、お湯を注いでから3分間に設定し、「あと1分♪」などと出来上がりを楽しみに待つことがあるのではないでしょうか。

段取り力を高めるには、タイマーを使いましょう。まず、仕事に取りかかる前には計画を立てます。時間をたっぷりかける仕事なのか、それとも短時間でちゃちゃっと済ませる仕事なのかを見極めてください。

時間をかける価値があるか否かは、リターンを期待できるかどうかで決まります。売り上げや利益、お客様満足度の指標で考えてください。

コストパフォーマンスという言葉はおなじみですが、タイムパフォーマンスの視点を持ち、投入する時間が適切なのかを考えると、時間のムダづかいを減らせるようになります。

タイマーで投入する時間をセットしたら、いざ仕事を開始します。画面に残り時間が表示されるので、「あと○分」と、常に時間を意識しながら取り組みましょう。

おすすめするからには、私もタイマーを愛用しています。「書類を45分で作るぞ」と決めたらTODOリストに投入する時間をメモしてゲーム感覚でスタートします。時間を決めないと、ついダラダラしたり、ほかのことが気になってやりはじめてしまうからです。

コツとしては、1時間以内の時間をセットすることです。スマホでは、なんと23時間59分59秒までセットできますが、1時間以上にすると作業中に「まだ時間がたっぷりある」と勘違いしてしまうことがあります。はじめはのんびり構えていて、あとで慌てる羽目にならないようにしましょう。**1時間では終わらない大きな仕事は、細分化するとうまくいきます。**

仕事中にスマホ禁止という方は、パソコンの画面に表示された時刻をちらっと見るだけでも構いません。とにかく残り時間を意識しながら仕事を進める習慣を身につけるのが狙いです。

研修では、「これからグループ討議を30分間行います！」と参加者の皆さんに伝えることがあります。すると、いきなり討議をはじめる人が大半ですが、ときどきスマホでタイマーをセットする人がいて、そのグループは時間内に見事、結論を出して討議を終えています。

段取りが悪い人は時間に無頓着で、がむしゃらに仕事をします。ノープランで行き当たりばったりです。また、時間をかけないでいい仕事なのに、ムダに手間暇かけて取り組むため残業しがちです。何事も投入する時間を意識すると、集中して取り組めるので、うまくいく確率が高まります。今日からタイマーを使って仕事を進めましょう。

42 段取りが良い人は、時間設定をして緊張感を持たせる！

43

段取りが良い人は簡易版マニュアルを作り、段取りが悪い人は百科事典のように作る。

定型業務はできるだけ短時間でミスなく仕上げたいもの。マニュアルがあるとそれが叶います。

料理を例にしましょう。料理を作るとき、レシピがあるのとないのとでは大違いです。レシピには材料がそれぞれ○グラム、調味料は大さじ○杯など分量まで正確に載っていて、手順は箇条書きでわかりやすい。そのとおり進めれば、いつでも誰でも美味しい一品を作れます。

仕事に置き換えるとレシピはマニュアルで、型どおりの仕事をラクにしてくれる救世主です。とはいえマニュアル作りに精を出そうとする人がいたら、「ちょっと待った！」をかけたいと思います。

「社内マニュアル部マニュアル課」にいるなら別ですが、多くの人にとって大切な業務は別にあるからです。

かつて私が働いた職場でも、マニュアルを作ることがありました。各人が自分の担当業務を文章や図解にするのですが、あるベテラン社員は年間目標に「マニュアルを完成させる」を掲げ、来る日も来る日も熱心に取り組んでいました。

ある日、そのベテラン社員が上司に急ぎで別の仕事を頼まれたときのこと、「マニュアルを作っているので、できません」と上司にキッパリ断ったのを見ました。結局、上司はほかの部下に仕事を振りましたが、マニュアル作りだけで毎日が終わるのはどうよと、私は首を傾げたことがあります。

段取りが悪い人はマニュアル作りを本来業務（07項参照）、はたまた手段なのに目的と勘違いし、百科事典のように数十ページにわたるもの、デザインに凝ったものを作り込みます。この先みんなが使い続けるのならいいのですが、もし独りよがりでほかの人が見てもわかりにくい・役に立たないものとなれば、お蔵入りになってしまい、悲しいことにゴミ箱行きです。

段取りが良い人は、簡易版のマニュアルをササッと作ります。ひとつの業務ごとに1〜数ページ程度で収まるよう、ギュッとコンパクトに大切なことを絞り込みます。そもそも簡易版なら作る人も見る人も短時間で済むでしょう。ダラダラと書き綴ったものでなく、パッと見てわかるように箇条書きするなど、読む人・使う人の立場になっているのも特長です。

マニュアルの主な目的は業務標準化です。組織では、たとえ人が代わっても知識やスキルの伝承が欠かせません。日頃から属人化しないよう、いつ、誰が仕事をしても同じ結果を出せるようにすべきです。

さらに**生産性を高めるマニュアルにするには、手順だけでは物足りない。ぜひ目安となる投入時間を書いてください。**実際にかかった時間と比べると、自分のペースが速いのか遅いのかがわかり、改善点があれば見いだせます。ほかには**ミスしやすい箇所やセルフチェックするときのポイントなどを加えるのもいいですね。**

マニュアルは一度作ったら終わりでなく進化させましょう。もっと効率的な方法に気づいたら、すぐさまマニュアルを直してください。

なお、**マニュアルはプリントアウトせず、データで保存し、クラウドや社内イントラネットなどでアクセスできるようにしておくことがおすすめです。**テレワークで在宅やサテライトオフィスなど働く環境はさまざまなので、どこにいても仕事がはかどるようにしておきましょう。

マニュアルを作ると、担当替えや異動、退職が決まったときも慌てません。そのまま引き継ぎ書となるからです。どなたかに仕事を教えるときは、都度資料を作る必要がないので、ラクができますよ。

簡潔にポイントがわかるマニュアルを短時間で作ること。日頃から習慣づけると、自分はもちろん、チームみんなの手助けになること請け合いです。

43

段取りが良い人は、読んだ人がわかりやすいマニュアルを作り、都度更新する！

44 段取りが良い人は忘れっぽく、段取りが悪い人は記憶が良い。

見出しを読んで、またも逆では？と感じる方がいらっしゃることでしょう。いいえ、正しいです。忘れてほしいこと、それは負の感情だからです。

人間なのですから、誰だって良いことも悪いことも起こります。そのとき気持ちをどうコントロールするかが腕の見せどころで、日頃から危機管理のごとくスタンバイしておくと安心です。**段取りが良い人は、気持ちに浮き沈みがありません。感情に流されず、表情や態度にも出さず、いつも冷静に仕事と向き合います。**

あなたはミスをしたり失敗したり、相手の期待に応えられないとき、どんな気持ちになりますか？　きっと悲しかったり落ち込んだり、自分を責めたくなることもあるでしょう。反省するのは大事なことですが、いつまでも落ち込んでいては、ほかの仕事に支障をきたしてしまいます。**平常心でないと本来のパフォーマンスを発揮できず、また失敗を繰り**

返す心配があるからです。

プロとして働くからには、常に評価をされます。人が人を評価する、定性でなく定量で評価するのはとても難しいことですが、いったんそれを受け止めなければなりません。会社員であれば自分では最善を尽くしたと思っていても、会社からは目標を達成できたのか、お客様を満足させたのか、組織に貢献できたのかなどが、客観的な指標で判断されるのです。

講師をしていると、何をもって客観的な評価を受けるかというと、ひとつは受講者アンケートです。これは研修やセミナーの主催者が、講師は5段階評価のうちどれかを参加者に問うものです。5が大変良いだとしたら、1は大変悪い。その理由を書く欄もあります。アンケートは、講師本人にも開示されるのが普通です。高評価や温かいコメントがあれば嬉しくなり励まされ、低評価があればご満足いただけなかったのだと気づきます。もっとこうしたら、というご意見が改善のヒントになることもあります。小心者なので、毎回アンケートを見るのは楽しみというよりも不安でいっぱいですが。

講師仲間の友人と食事をしたときのこと、彼女はいつになく浮かない表情をしていました。理由を聞くと、前日に研修をし、終了後にアンケートを見たら2名ほどから最低評価をつけられ、その理由として「顔が嫌い」と書かれていたというのです。

彼女はあちこちで仕事の評判が高く、美人で性格も良く、私は大ファンです。私の見方も当然ながら主観ですが、話を聞いて「研修の内容ならともかく、そんなの気にすることない！」と励ますことしかできませんでした。一歩引いてみると悩む必要のないことでも、彼女のようにいざ当事者になると、そのことで頭がいっぱいになってしまいます。

そういう私も、やはりアンケートを読んで、ごく稀に人格を否定されるようなコメントがあると、しょぼんとして帰ります。そもそも人は十人十色ですし、言論の自由もあります。それに満足度100%を目指すとしたらハードルが高すぎてムリです。そう頭ではわかっていても、以前は一喜一憂して気持ちの切り替えが下手でした。今となっては年齢を重ねて少し図太くなりましたし、改善できることは素直に受け止め、心が傷つくことは忘れるようにしています。

組織に勤めると、業務分担が不公平だと感じたり、人事評価や異動発令などに納得がいかないこともあるでしょう。ボタンの掛け違いや誤解によってクレームやお叱りを受けることもあります。

ならば万が一に備え、心に受けたダメージを回復する方法をいくつか用意しておきませんか。お酒を飲んで誰かに愚痴を聞いてもらう、美味しいものを食べに行く、スポーツで汗を流す、コンサートやライブに行く、カラオケで熱唱する、ペットに話す、お笑いの番組を見て爆笑する、ほしかったものを買ってしまうなど、**こうするとストレスを発散できる、というやり方をいくつか決めておくのです。**

そのときは悔しくて悲しくて涙が出たとしても、時が解決してくれることもあります。きっと悪いことの次は良いことが待っていますよ。さあ、気持ちを切り替えましょう。

そして、段取り良く仕事をサクサクこなしていきましょう。

44 段取りが良い人は、失敗したことを引きずらず頭を切り替える！

第7章

これからの働き方 編

45

段取りが良い人はどこでも仕事をし、段取りが悪い人は自席だけで仕事をする。

デジタル化が進み、オフィス環境は様変わりしました。

従来の職場は固定デスクに座り、島形式で毎日同じメンバーと顔と顔を突き合わせましたが、自由な席に座るフリーアドレス制を導入する職場も増えています。

テレワークもさかんに行われています。ちなみにテレワークという言葉は造語で、ICT（情報通信技術）により、「テレ（tele）＝離れたところ」で、「ワーク（work）＝働く」という意味です。

テレワークには次の3つがあります。在宅勤務、サテライトオフィスで働く、移動中にスマホやパソコンを使って仕事をする（モバイルワーク）、です。

このように働き方が増えると、自分で選択したり自由を享受できたりします。毎日が変化に富み、ストレスを減らし、良い発想をもたらす効果もあるでしょう。

段取りが良い人は、どこにいても仕事ができてしまいます。その彼らが頼りにするのはスマホです。外出先でメールの送受信はもちろんのこと、日報さえもスマホで作成し、すぐさま上司へ送ってしまいます。ですから朝や夕方にオフィスへ立ち寄ることなく、直行直帰できるわけです。

では書類の管理や保存場所はどうするかというと、日頃からクラウドサービスを利用すると便利です。代表的なのは**「Dropbox」「OneDrive」「Google Drive」などで、データを保存しておくと、ユーザー使用のパソコンやスマホからアクセスできます。**

私は以前からクラウドサービスを利用していますが、とくに便利なのはスマホからアクセスできることです。この本の原稿はパソコンで書いていますが、推敲は電車の中や待ち時間を利用してスマホでやってしまいます。

クラウドサービスを利用する前は、外出先で書類やデータを確認したいとき、デスクに戻ってからやろうとして自分で自分に宿題を出していたのですが、クラウドサービスを利用してからは、スマホさえあれば、すぐにその場で対処できてしまいます。タスクは自分の工夫次第で減らせるのだと、気持ちも軽やかになりました。

「自分のデスクでないと仕事ができない」だとか、「紙の書類がなければ仕事にならん！」という人は、段取りが悪くなる一方かもしれません。

オフィスワークの必需品だった固定電話やパソコン、プリンターは持ち歩くには重いので、自席でなければ仕事ができなかったわけですが、スマホ1台で仕事ができたなら、とても身軽にスマートに行動できますね。外出するたびに必要な書類を印刷して持っていく準備の手間が省けたり、忘れ物をなくせたりします。おまけにペーパーレス化も叶います。

また、フリーアドレス制の方は、固定デスクの引き出しがないので、荷物を減らさなければなりません。はじめのうちは慣れないでしょうが、何でもかんでも印刷したり、捨てられない病を克服するチャンスです。

もちろん勤務先によってはコンプライアンス上、データを外に持ち出せないところもありますが、私用の写真やデータを管理するときも便利なので、未体験の方は仕事以外でクラウドサービスをぜひお試しください。

とはいえ、リスク対策も抜かりなくしたいものです。携帯電話が突然通信障害になったり、自然災害や事故があればアクセスはできなくなります。**大事な用件ならば、やはり印刷して書類を持っていく、USBメモリースティックに保存するなど、原点回帰も手段のうちでしょう。**

段取りが良い人は何かあっても慌てません。いつでもどこでも仕事ができるようにし、自分で自分を救いましょう。

45

段取りが良い人は、どんな場所でも仕事ができるようにクラウドサービスを有効活用する！

46

段取りが良い人は環境を変え、段取りが悪い人は環境に合わせる。

働き方が多様化したおかげで、オフィスに毎日通い、みんなと机を並べて仕事をしなくてもいい時代となりました。つき合い残業なんて過去の話かもしれません。カフェでは電源が使えるところもあり、日中はビジネスパーソンがパソコンを開いて黙々と作業をしている光景を見かけます。

45項でも述べましたが、段取りが良い人は、いろいろなところで仕事をするのが得意です。オフィスにあるデスクが主たる仕事場だとしても、サテライトオフィスや在宅勤務、ときにはカフェでちゃちゃっと仕事をこなしてしまいます。

ハード面の環境がととのっているのは、やはりオフィスでしょう。会社の外で仕事をするとなるとデスクトップ型のパソコンやプリンターは常備されていないのが普通です。そこで**段取りが良い人は、場所に見合った仕事をします。**

私は出張予定があると、出かける前にデスクで終わらせたいこと、車中や機内でやること、ホテルの部屋でやること、というようにタスクを分けています。

また段取りが良い人は、**仕事に応じて最もはかどる場所を選んだりもします。**とくに考える仕事をするときは、集中力が成否を分けるからです。

あなたが集中できるのは、どのような場所でしょうか。

誰にも邪魔されず、一人静かに仕事をしたい人は、自分のデスクにいるよりも、社内の一角にある仕切られたブースや小さな会議室を利用するといいかもしれません。電話が鳴る音や人の話し声から離れられるからです。

自席を離れるのは勇気がいることかもしれませんが、どこで仕事をしようと責められることではありません。要は成果を上げればいいのです。そのかわり電話当番を決めるなどして、ほかの人が席を離れたいときは助け合うと、自分も応援されることでしょう。

知り合いの士業の先生は外出先で仕事をしたいとき、一人でカラオケボックスに入るのだそうです。「カラオケボックスでは別に歌わなくたっていいのだよ」と教えてくれましたが、はたしてどうでしょう。1曲くらい歌いたくなりそうです。

ちなみに私が意外と集中できるのは新幹線です。

思い起こせば学生時代、私は毎晩ラジオをつけたまま勉強していました。勉強するつもりで長時間机に向かうのですが、ラジオに集中してしまい、勉強は上の空。案の定、受験には良い思い出がなく、敗因のひとつは、ながら勉強にあったと猛省しています。その反省をふまえ、考える仕事をするときは静かな環境にしています。

外で仕事をするとき持ち歩くノート型パソコンは12インチと小ぶりなため、長時間操作すると猫背になったり目が疲れることも。そこで長編の原稿を書く日は、自宅に引きこもりデスクトップ型パソコンで作業しています。これなら姿勢が良くなり、画面も見やすくなります。

頭より体を動かす仕事や複数人で取り組む作業は、音楽をかけるとか、ラジオを聴くとか、みんなとおしゃべりをするなど、あえてリラックスする環境にするのも効果的です。私はファイリングや片づけ、掃除をするときは、ノリノリな音楽をかけています。

アイデアを出すときは、デスクでじっと考えるよりも、あえて仕事から離れるのが得策かもしれません。街を歩いたり、電車に乗ったり、お風呂に入ったり、寝ようとしたらアイデアが浮かんだ、なんてことが、あなたにもあるのではないでしょうか。

もちろん音楽をかけると集中できる人や、ノート型パソコンが好きな人もいるので、自分なりのやり方を見つけてください。

なお、忘れてならないのは休憩を取ることです。ずっと緊張状態が続くと、伸び切ったゴムのごとく、もとに戻らなくなってしまいます。席を立って体を動かしたり、お菓子を食べたり、コーヒーを飲んだりして気分転換を図ってください。

リフレッシュしてから、また仕事に戻ると集中力がアップしますよ。

46 段取りが良い人は、自分がどのような条件下で仕事をすると効率が上がるかわかっている！

47

段取りが良い人は諦め、段取りが悪い人はオール5を目指す。

あなたは小学生の頃の通知表を覚えていますか？　低学年の頃、親友と通知表を見せ合ったことがありました。彼女はなんとオール5。オール5の人がこの世にいるんだと驚き、尊敬のまなざしを向けたものです。

思い返すと私には苦手なことがたくさんあり、とくに体育の点数が低かったです。そう話すと「またまた〜」と返す人がいますが、これまでの人生で跳び箱を跳べたことは、たった一度もありません。自慢するなって感じですが。

クラスには、勉強はダメでもスポーツ万能で運動会でヒーローになったり、図画工作がずば抜けてうまかったり、音楽や家庭科の時間になるとキラリと光る友達もいました。でもやっぱりオール5の人は、みんなにとって憧れの存在でした。

しかし今は違います。社会人ともなれば、オール5を目指さなくていいのです。不得手なことを人並みに追いつくまで伸ばそうとしたら、大変な努力が必要だからです。もし、跳び箱が苦手な私が、体操選手になることを目指していたら……、すぐに挫折したことでしょう。

社会人は、諦めるのも段取りのうちではないでしょうか。そのかわり、これは得意かもしれない、やっていて楽しいと思える仕事をひとつでいいから見つけませんか。

ときどき、「どうしたら天職を見つけられますか？」と相談を受けることがあります。入社してみて「合わない」と思うと退職し、また「合わない」と思うと転職を繰り返す方もいます。青い鳥症候群なのかもしれません。厚生労働省の調査によると、新卒者が就職後3年以内に離職する率は中卒約7割、高卒約5割、大卒約3割。

誰だって天職を見つけるのはとても難しいことです。それに仕事をしたくても、ニーズがなければ仕事にはなりませんし、お金もいただけません。ですから好きなことを仕事にするよりも、仕事をしながら好きになるほうが現実的です。

ところで、日本ではスペシャリストよりゼネラリストを育てる傾向にあります。とくに大企業ではひとつの部署に長くいて専門性を高めるよりも、約3年ごとに人事異動があり職場を転々としながらキャリアを高めたり、管理職になるパターンが多いです。そうなると仕事に慣れてきた頃に、また別の仕事をしなければならない。異動をすると以前のように仕事がうまく回らず、評価が下がりやすいと嘆く人もいます。

でも、食わず嫌いはいただけません。新しい仕事は自分には向いていないと即決したり、不得手な仕事だという思い込みは禁物です。チャンスだととらえて、新しい仕事にもチャレンジしてみてください。

段取りが良い人は、いろいろな仕事を経験するうち、自分の強みに気づきます。強みがわかると、強みを伸ばすことに注力します。得意なことを極めるのは楽しいので勉強も苦になりません。上司や同僚やお客様が認めてくれると、もっとやる気が高まります。そのうち社内外で評判が広がり、存在価値がグンと高まって毎日が充実します。庶務や雑務は他の人が代わりにやってくれて、本来業務（07項参照）に充てる時間を長く取れ、段取りが良くなります。

対して段取りが悪い人は、とくに強みもなく、誰にでもできる仕事をします。そのまま社歴や年齢を重ねたら便利屋や駒のような存在になってしまい、もったいないことです。

講師になりたての頃、いくつかの研修事務所に所属させてもらいました。仕事をいただくときは営業部から電話があり、「ある企業の研修を受注できそうです。○月○日は空いてますか？」と都合を聞かれることがたびたびありました。「その日は空いていません」と答えると、日程を調整してくれるわけではなく、話はなかったことに。講師はほかの人でも務まるので、次の人に連絡するのでした。

本を書きたいと出版社の方と面談したときは、「執筆を頼むとしたら、あなたのいる分野で、もっと著名な人にしますよ」と断られたことがあります。

小さな目標は、「あなたにお願いしたい」と指名されることでした。特別な才能はないけれど、個性を出したり、ちょっとした強みを見つけて差別化したいと常々考えながら仕事をしてきました。

私はまだまだですが、どなたにもチャンスは訪れますし、いつか認めてくれる人もいます。指名される日を心待ちにして、たとえ平均点は低くても、高得点がつく強みを見つけましょう。

47 段取りが良い人は、自分の強みを活かした仕事のやり方をする！

48

段取りが良い人はＡＩと仲良くし、段取りが悪い人はＡＩを敵にする。

昔々とまではいきませんが、２０００年頃の話です。駅の改札にはまだ駅員さんがいて、乗客の定期券をちらりと目検で確認していました。高速道路の料金所には必ずスタッフの方がいて、運転手は現金を手渡しました。それが無人となり、今では自動改札やＥＴＣが人と同じ仕事をこなしています。

最近、毎日のように新聞をにぎわせるのがＡＩの記事です。経済産業省の試算によると２０３０年に国内バックオフィス人員は１４０万人消えるのだとか。ちなみにバックオフィスとは、顧客とはやりとりをしない、社内向けの業務のことです。

野村総合研究所は２０１５年に「日本の労働人口の49％がＡＩやロボット等で代替可能に」という記事をいち早く発表しました。ネットで検索すると、ＡＩに替わる可能性のある職業が具体的に挙がっています。

２０１７年にはメガバンクがＲＰＡ（Robotic Process Automation）によって事務を自動化するため、大幅な人員削減の目標を発表しました。情報収集している賢い学生は、かつて人気の高い就職先だった銀行で事務職として働くのは、将来厳しいと踏んでいます。

顧客の立場からすると、15時までに銀行へ出向くのは難しいので、ネットで手続きすることが多くなりました。たまにお店に伺うと、あらら閑散としています。ある銀行の方によると、駅前やコンビニエンスストアにＡＴＭさえあれば、お客様は入出金できる。これからは駅前の広い店舗は次第に消えて、住宅街に小さな店舗を作ったり、オフィスビルのワンフロアを借りてコンサルティング業務に特化するのだそうです。

このようなＡＩの発達は、働く私たちにとって敵なのでしょうか。

いいえ、怖がることはありません。**段取りが良い人は、AIが本格的に導入されるのをワクワク楽しみに待っています。なぜなら自分の仕事がラクになり、時間を作れるようになるからです。**自分が手間暇かけていることをＡＩにやってもらえば、正確でミスのない仕事を短時間でやってのけるでしょう。人は増やせなくても、ＡＩという強力な秘書がサポートしてくれるのです。さらに段取り良く仕事ができるようになる、と期待しています。

ところで、仕事にはルーティンワークとナレッジワークがあります。ルーティンワークは決まった手順で繰り返し行う作業や、マニュアルどおりに進める定型業務です。ナレッジワークは知識により付加価値を生み出す仕事です。あなたが日々抱えているタスクのうち、ルーティンワークや単純作業はどのくらいありますか。

段取りが良い人は、未来を予測し、AIと仲良く仕事ができるように今から準備しています。**ムダな仕事や誰でもできる仕事に時間をなるべく割かずに、AIが苦手な仕事にチャレンジしたり、ナレッジワークの割合を少しずつ増やしているのです。**例えばゼロベースでアイデアを生み出したり、それを企画書にまとめて提案してみたり、事務がラクになるように改善してみたり。

段取りが悪い人は、目の前にある定型業務や単純作業をやっつけるのに日々奮闘しています。もちろん、それらだって大事な仕事ですし、今は忙しくて仕方ないのもわかります。ただ、AIにやれる仕事ばかりやっていて、本来やるべき仕事のスキルが足りなくなるようでは心配です。

ときどき各社のベテラン勢の中には、同じ作業を繰り返すうちに慣れてきて、考えずとも右から左へ流せるようになり、それをもって「私は段取り上手」と自信満々な人がいます。でも今は良くても、数年後を見通して力をつけておかないと間に合わないので、本当の段取り上手だとは言えません。

段取りを良くするには、定型業務や単純作業を効率化して、自分で時間を生み出しましょう。創出した時間はナレッジワークや、あなたが本来やるべきこと、上司や組織から期待されている仕事をする時間に充てます。もしも知識やスキルが足りなければ、今から勉強すればいいのです。

この先、仕事をしながら知識を増やし、スキルを磨いておけば、引き出しはどんどん増えていきます。とことん頭を使って価値ある人になりましょう。

48 段取りが良い人は、自分のオリジナル性を発揮する仕事ができる!

49

段取りが良い人は休みの予定を先に入れ、段取りが悪い人は暇になってから休む。

あなたは有給休暇があと何日あるか、すぐに答えられますか？

そして、ちゃんと休んでいますか？

日本人は、休むのが下手。有給休暇の日数を知らない人が多く、罪悪感からなのか休まない傾向にあると言われています。


「仕事ばかりの人生ってどうなんだろう？」

これは4人の旧友と久しぶりに会ったとき、一人がぽつりと言った言葉です。同じ日に社会人デビューをして、歩んだ道はそれぞれ。楽しい思い出がある半面、残念なのは仕事のストレスを抱えて、心や体の健康を損ねた友人が周りに何名もいることです。

「仕事だけだと人生虚しいかもしれない。人生の後半戦は、仕事以外も充実させたいね」

と、みんな口をそろえました。

段取りが良い人は、休みの予定を先に入れます。手帳やデジタルのスケジューラーが真っ白なうちに、このあたりで休みを取ろうと、さっさと決めてしまいます。そして、**休みをご褒美にしてカウントダウンさながら、あとひと踏ん張りとモチベーションを上げて仕事をします。**

ビジネスインストラクターの仕事に就いてから、起業家や同業の先輩たちと出会いました。気づいたのは、活躍している人ほど休みを取るということです。売れっ子になると、普通なら仕事に追われます。お客様から引っ張りだこになり、スケジュールの争奪戦、すぐに手帳のページが真っ黒になるほどで、仕事をすればするほど売り上げは増します。

ですが段取りが良い人は、あえて仕事をセーブして休みを取るのです。なぜなら長い目で見て、休みが仕事に良い影響をもたらすことを知っているからです。

ビジネス界の話が続くので、よその業界、芸能界を取り上げてみます。

視聴者としてテレビを見ていると、芸能界は競争がもっと厳しいのだろうと想像できます。やっとテレビに出ても、すぐに消える人が多い中、第一線で活躍し続ける人はほんのわずかです。

私が若い頃に一世を風靡したアイドル歌手たちは、「睡眠3時間で仕事三昧だったし、休みなんて1日もなかった」などとテレビ番組で苦労話を披露していましたが、今どきの20代、30代のスターたちは充電期間と称した長い休みを正々堂々と取ります。

老婆心ながら、働けばもっと稼げたのにとか、復帰したときオファーがなかったらどうするのなどと思いますが、将来性があるからこそ、所属事務所は本人の意思を尊重して休ませ、帰る場所を用意するのでしょう。

彼らが1年、2年といった長い休みを取り、本業とは距離を置く時間を持ち、また復帰すると、エネルギーで満たされて一回りも二回りも大きくなっています。どんな仕事であれ、人を楽しませ、喜ばせるには、サービスを提供する側が疲れ果て、つまらなそうにしていてはダメなんだ、そう気づかされます。

ビジネスパーソンも、やはり自分自身が仕事や生活に満足することが大切ではないでしょうか。となると心も体も健康にするために休暇を取って、英気を養うのは当然のことです。それなのに**段取りが悪い人は、仕事の予定を先に入れ、空いたところで休もうとします。**

例えば、たまには2泊3日で旅行したいので、金曜日に休もうと考えていたとします。でも、休む日をハッキリ決めなければ、相手と日程調整をするときに「いつでもいいです」などと答えてスケジュールを相手に委ねてしまい、どんどん予定が埋まってしまうのです。そのうち「休むと仕事が溜まり、もっと忙しくなるのでは」と心配になり、「休むと周りの人に迷惑をかけるのでは」という不安もよぎり、とうとう「休みたいです」と言い出せなくなる。これでは、ストレスは増すばかりです。

たった1日の休みを取ることさえ躊躇しては、つまらないではありませんか。

今やりたいこと、今しかできないことを先送りしてはなりません。さあ、勇気を持って、休みの予定を先に入れましょう。

49

段取りが良い人は、前もってプライベートの時間を確保してしまう！

50 段取りが良い人は人生に優先順位をつけ、段取りが悪い人は仕事に優先順位をつける。

私たちはこの世に生を受け、神様から時間を与えられているような気がします。時間という貴重な資源をどう使うかは、人それぞれです。ＡＩが毎日段取りを教えてくれたらいいのですが、アナログな脳であれやこれやと考える日々がこの先も続くことでしょう。その段取りには正解がありません。同じ仕事を与えられても、あなたと同僚では、まるで仕事の進め方が異なります。だからこそ自分の裁量次第でどうにでもなるのです。ぜひ、トライ＆エラーを繰り返しながら、段取り力を日々高めてください。

段取りがうまくなると、最短の時間で最大の成果を生み出せるようになります。そう、段取りは最強の戦略なのです。

段取りが良い人は、時間を増やすのが得意です。**仕事はいくらやってもキリがないのだと割り切り、いい加減にやります。**

ちなみに、「いい加減」には相反する2つの意味があって、ひとつ目はちょうど良い程度だとか適度、2つ目は無責任で投げやりなさまのことです。ここで使いたいのは前者で、良い加減にやると時間が増えていきます。

いくらお金があったとしても、時間がなければ好きなことはできませんよ。有給休暇をもっと有効に使いましょう！

段取りが悪い人は、いくら仕事をしても一向に暇にならず、むしろどんどん忙しくなっていきます。

ならば人より長い時間を仕事に充てれば終わるだろうと考えて残業し、翌日はこれまた人より朝早く出勤します。1日24時間のうち仕事時間が長いということは、プライベートな時間が減るわけで、体は疲れ、やがて心は虚しくなります。

かくいう私は起業してから働き蜂のようになり、休むことに罪悪感さえありました。休むのはサボることだと思い込み、休日返上で仕事をする自分に酔った時期もあります。でもあるとき、仕事をする時間と成果は比例しないのだと気づきました。

投入する時間に制限を設けないと、時間はいくらでもあると勘違いしてしまい、ダラダラしがちだったのです。それに比べて、外出するまで1時間しかないとしたら、「1時間で絶対にこの仕事を終わらせるぞ」と延長できない状況になると明らかに成果が出ました。そこで土日は仕事から離れ、平日も積極的に休暇を取り、しっかり休む生活に切り替えました。すると毎朝、新鮮な気持ちで仕事に取りかかれることを実感したのです。

段取り次第で仕事はいくらでも減らせますし、時間を増やすことができます。アフター6はやりたいことをし、休みを正々堂々と取りましょう。

あなたがやりたいことは何ですか？　仕事でもプライベートでも構わないので、思いつくまま、どんどん挙げてみてください。それを全部叶えましょう。

本書では、優先順位を正しくつけることが大切なのだと繰り返しました。

仕事が10あれば、大事な順に並び替えることが優先順位と考える方が多いようですが、これからは勇気を持ってやることを選んでください。

仕事が10あれば、全部をやりきろうとしないこと。数を絞って、残りはやらない、捨て

る覚悟を持ってほしいのです。

最後に。

仕事の優先順位は大切ですが、それ以上に大切なのは人生の優先順位です。忙しいからといって健康診断をサボっては、病気の早期発見はできません。もし家族や大切な人に何かあったときは、仕事を休んでいいのです。通勤途中に急病人を見かけたら、たとえ遅刻したって助けるほうが先です。

仕事は人生の全部でなく一部です。一部だけれど、かけがえのないものです。せっかく縁あって就いた仕事なのですから、成果を上げて人生を実りあるものにしましょう。

50 段取りが良い人は、人生を楽しむことを目的としている！

おわりに

最後までお読みくださりありがとうございました。

段取り上手になる旅はいかがだったでしょうか。段取りについて理解が深まり、新たな習慣を身につけたいという気持ちが芽生えたなら、筆者として嬉しく思います。

ビジネス書は読んだら終わりでなく、読み終わってから行動することが大切です。といっても肩の力を抜いて、本書でご紹介した習慣のうち、ひとつでも2つでもいいので試してみてください。うまくいったら続けて、その習慣を自分のものにしましょう。

私が仕事を通して一番嬉しい出来事は、読者の方や、研修・セミナーを受講してくださった方から、「仕事がうまくいきました！」という報告をいただくことです。今回の本は仕事の根幹をなす段取りがテーマですし、皆さんの悩みどころでもあると確信し、力を込めて執筆しました。

なお、本書には段取りの良い人と段取りの悪い人が出てきますが、正義の味方やヒーローVS悪役のように書いてしまったところもあります（笑）。読者の方に段取りの良い人になってほしいという願いを込めたからなので、どうかご了承ください。

本書は明日香出版社の久松圭祐さんに企画・編集していただきました。『絶対にミスをしない人の仕事のワザ』の本作りを機にコンビを組み、「次は時間をテーマに本を作りましょう」とお話をいただいてから、数年間お待たせしてしまいました。

なぜなら、いったん立ち止まって経験を積んでから、この本に取り組みたかったからです。そして全幅の信頼を寄せる久松さんと、久しぶりにお仕事ができました。締め切りより1カ月も前に原稿を提出し、「なんて段取りが良いのだろう」と鼻高々でいたら、久松さんから電話があり、「読んだら面白くないところがあるんですけど」とバッサリ斬られ、書き直した次第です。早めに提出してよかった、と胸をなでおろしています。

出版にあたり明日香出版社の石野栄一社長をはじめ、営業部の皆さん、社員・スタッフの皆さん、そして、この本作りに携わったすべての方に厚く御礼申し上げます。

起業してからは直属上司こそいませんが、仕事で出会う人すべてが私の師匠です。本書を手にしてくださった向上心あるビジネスパーソンの皆さんを見習って、もっと段取りが良くなるよう励みます。お互いに成長していきましょう。

あなたの仕事とプライベートが好転しますように。仕事に追われて忙しすぎる日々とはサヨナラし、余裕を持ってやっていきましょう。

鈴木　真理子

株式会社 ヴィタミンM

本書の著者が、講師として企業研修や公開セミナー、講演会などに伺います。仕事の進め方やハウツーなどを、どなたでも簡単に試せるようにお伝えします。講義のほか演習や討議などを交えて、楽しく・飽きさせず・ためになるプログラムを開発しています。ヴィタミンMが皆様の栄養源となれる日を心待ちにしております。

＜人気プログラム＞

【生産性を高めたい！】

◆生産性向上のための段取り＆時短仕事術
◆５Ｓで簡単！ オフィスの整理整頓

【ミスをなくしたい！】

◆絶対にミスをしない人の仕事のワザ
◆仕事のミスがなくなる手帳・メモ・ノート活用術

【書く力を高めたい！】

◆ビジネス文書・メールの書き方（入門編）
◆ビジネス文書・メールの書き方（応用編）

【階層別に研修がしたい！】

◆新入社員研修
◆女性社員が輝くためのポジティブキャリア
◆女性リーダー　あなたは期待されている

上記以外のテーマも承っています。また、ご要望によりプログラムをカスタマイズいたします。

◇ **お問い合わせ先　（鈴木 真理子まで）**
メール：contact@vitaminm.jp
電　話：045-719-7260

◇ **ホームページ**
http://www.vitaminm.jp/

［著者］
鈴木真理子（すずき・まりこ）
株式会社ヴィタミンM代表取締役
東京都葛飾区亀有生まれ。千葉県柏市にて育ち、現在は神奈川県横浜市在住。
共立女子大学卒業後、三井海上火災保険株式会社（現三井住友海上）に入社し、約10年間の勤務を経て退職。さまざまな職業を経験してから2006年起業し、講師派遣型の社員研修を行う株式会社ヴィタミンMを設立。

これまで企業研修や公開セミナーにおいて3万人以上に生産性の高い仕事術を提唱している。講師業の傍ら、新聞や雑誌をはじめメディアの取材、ビジネス書の執筆まで幅広く活動中。日本ペンクラブ会員。
日経ウーマンオンラインの人気コラム『鈴木真理子のミスなし、ムダなし、残業なし 信頼の仕事術』（2017年3月～2018年12月）では、江戸っ子言葉でギャグ好きの姉御気質「すずまり姉さん」のキャラクターで登場し、以来「すずまり姉さん」の愛称で親しまれている。

○主な著書
『仕事のミスが激減する「手帳」「メモ」「ノート」術』（明日香出版社）
『絶対にミスをしない人の仕事のワザ』（明日香出版社）
『ズルいほど幸せな女になる40のワザ』（宝島社）
『絶対に片づく整理術』（PHP研究所）ほか

○Webサイト
【(株) ヴィタミンMホームページ】
https://www.vitaminm.jp/
【All About ビジネス文書ガイド】
https://allabout.co.jp/
【小学館スーツ女子マナーの賢人】
https://suits-woman.jp

「段取りが良い人」と「段取りが悪い人」の習慣

2019年 11月 16日 初版発行
2021年 11月 30日 第17刷発行

著　　者　鈴木真理子
発 行 者　石野栄一
発 行 所　明日香出版社
〒112-0005 東京都文京区水道2-11-5
電話 03-5395-7650（代表）
https://www.asuka-g.co.jp
印　　刷　株式会社文昇堂
製　　本　根本製本株式会社

 ISBN 978-4-7569-2056-0

ISBN978-4-7569-1689-1

ISBN978-4-7569-1865-9

仕事のミスが激減する
「手帳」「メモ」「ノート」術

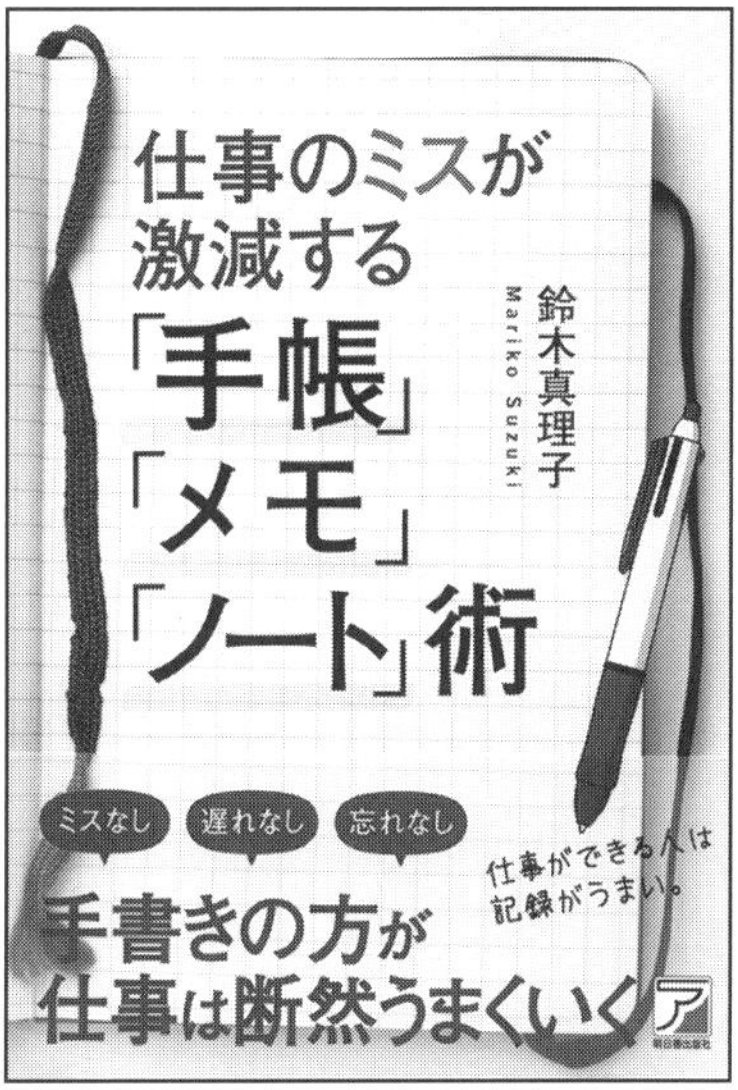

鈴木 真理子 著

B6並製　200ページ
定価：本体1400円＋税

「やることを忘れてしまった」、「期日を忘れてしまった」……。この原因は、メモること自体を怠ったか、メモをしただけで安心をしてしまったかのどちらかです。

本書は、ミスなし、モレなし、遅れなしを実現するための手帳、メモ、ノート、記録術をまとめます。

ISBN978-4-7569-1249-7

残業ゼロ！仕事が3倍速くなる ダンドリ仕事術

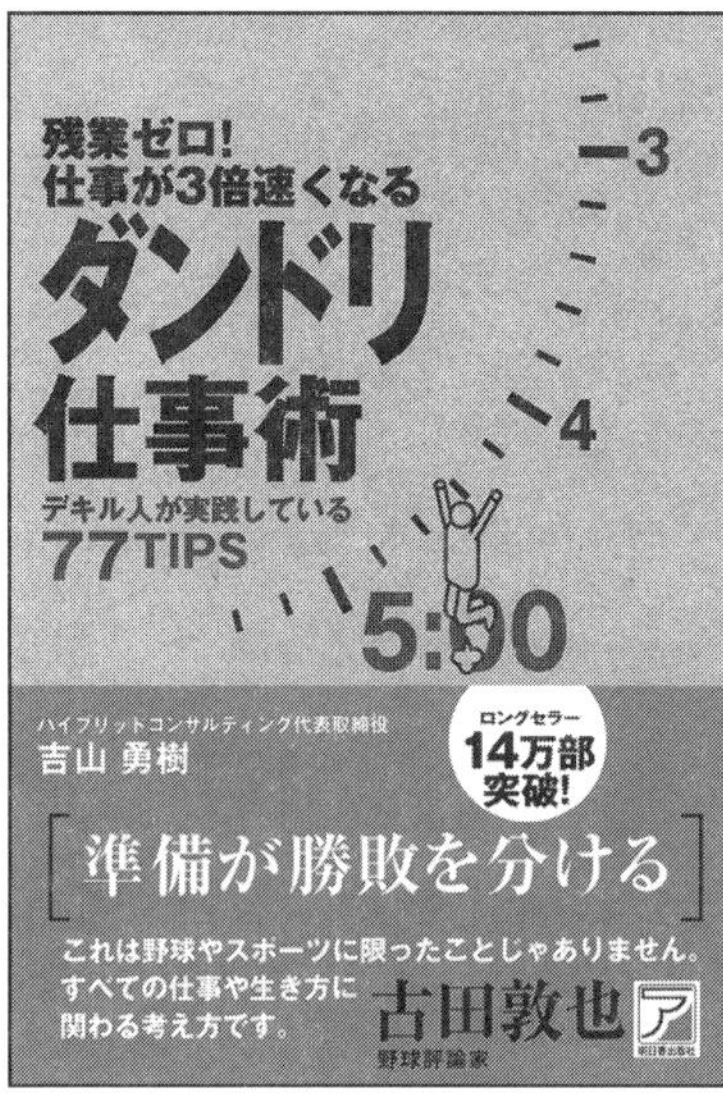

吉山 勇樹 著

B6並製　184ページ
定価：本体1400円＋税

ダンドリよく仕事していくための考え方と、著者自身が実践している噛み砕いたTIPSが満載。机の上が片付かない、仕事もスマートに進められない若手ビジネスマンも、この本を読んで今すぐ始められるダンドリ仕事術です。

ISBN978-4-7569-1649-5

「仕事が速い人」と「仕事が遅い人」の習慣

山本 憲明 著

B6並製　240ページ
定価：本体1500円＋税

同じ仕事をやらせても、速い人と遅い人がいます。その原因はいろいろです。

仕事の速い人、遅い人の習慣を比較することで、どんなことが自分に足りないのか、どんなことをすればいいのかがわかります。著者の体験談とともに50項目で紹介します。